中山道追分茶屋物語
——家族史・高砂屋盛衰記——

目次

第一部　明治維新と中山道追分宿

第一部

明治維新と中山道追分宿

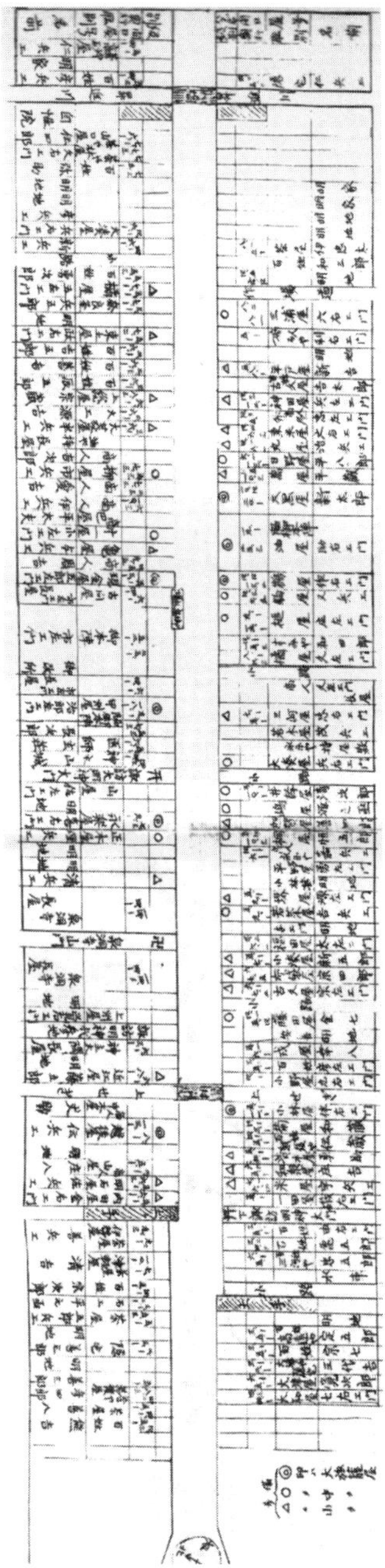

文久三年三月中山道追分宿絵図
（長さ五丁四十二間）

第一章　江戸五街道の中山道

街道をゆくと誰もが歴史を思い起こすことがある。中山道は江戸時代の五街道の一つであり、京都・三条大橋から東へ下ると近江の草津宿から、美濃、信濃、上野《こうずけ》、武蔵の国、そして江戸・日本橋まで六九宿をもつ街道である。この街道は、平安時代には律令国家の道路として位置づけられた。東海道とともに中路の一つ東山道といい、奥州陸奥の国まで至る。大化の改新の翌年にあたる大化二（六四六）年に開かれた古道であり、中でも、信濃路は山岳路で、人、馬の往来は困難を極め、旅をするものを苦しめた。江戸時代には武家諸法度が布告され、二つの交通政策がとられた。一つは、大名は道路・駅馬・舟橋などを絶やさないで維持すること。二つ目は、幕府の五つの直轄街道に関所を設け、物資の領地外への移出を禁止した。中山道では木曽福島と碓氷《うすい》峠を下りた横川に関所が作られ、旅人は交通手形で厳重に管理された。

中山道には三大難所がある。「木曽のかけはし、太田の渡し、碓氷《うすい》峠がなくばよい」と言われた。慶長一五（一六一〇）年の美濃の国の太田渡船頭屋敷安堵状には、人は六文、馬九文と渡し賃が決められている。昭和二年に木曽川に架かる太田橋が完成し、渡船はその役割を終えている。この美濃から信濃にかけては、山脈は波打ち、無数の川は網の目のように流れている。それでも東山道は、時には尾根筋を歩くこともあるが、内陸を行くので山岳の川筋に沿った街道を上れば平地や盆地も開ける。

とにかくこの街道は海のある国を通らない。したがって、山路の旅籠は、山の幸がその主菜となる。米、蕎麦、麦、稗・粟などの主食と、山芋などの煮物、鮎、鯉、鮒、鰻、鯰などの淡水魚が主菜の一つとなる食文化でもある。琵琶湖の鮒寿司、長良川の鮎、信濃の鯉こく・どじょうなど現代にも伝統は生き続けている。その他、焼き鳥は鶫《つぐみ》、すずめ、ときには花鶏（アトリ）を食する。この鳥は、日本には秋から冬にかけて渡来していた。

この山波街道の一つに浅間三宿がある。江戸からの旅人は上野の国の坂本宿をでれば急峻な七曲りがつづき碓氷峠の熊野神社に至る。この峠を背にすると、遥か上野、武蔵の国の平野はすでに谷間に見えず、北西に浅間の煙を頂き、高地のなだらかな街道筋となる。三宿は日本橋から一八番目が軽井沢宿、そして沓掛宿、追分宿がつづく。それぞれ村の起源は、仁治四年（一二四〇年、鎌倉前期）、天永三年（一一三二年、平安後期）、至徳元年

（一三八四年、室町前期）に遡るとされている。この地は江戸時代には幕府直轄領支配だったため、陣屋が置かれていた。当初は天和二（一六八二）年に平賀村（佐久市）にあり、その後、元禄以降、岩村田（佐久市）、沓掛（軽井沢町）、野沢（佐久市）、臼田（佐久市）など佐久郡内を変転し、明治維新まで御影（小諸市）にあった。陣屋の代官は江戸におり、日常業務は元締め手代があたり、村を治めていた。

二〇番目の追分宿は、右に北国街道の起点となり、小諸宿、海野宿、上田を経て、善光寺平から越後、越中、加賀の国・金沢へと続く。左に至れば、佐久平の千曲川に向かって小田井、岩村田、駒の里の望月、和田峠を越えて下諏訪、塩尻、木曽、美濃の国へとつづき、京にいたる。いまでもこの分岐点の「分去れ」には常夜石燈籠があり、「更科ハ右、みよし野ハ左にて、月と花とを追分の宿」と刻まれている。また、看板があり「江戸へ三九里、京都へ九一里一四町」とある。京都まではあと三五九キロほどとなる。

この追分宿の本陣は歴代土屋市左衛門が世襲し、油屋、甲州屋という二つの脇本陣を構えていた。追分が宿場の機能を持つのは慶長七（一六〇二）年、中山道の伝馬制度を徳川家が整備した以後である。本陣文書に「定路次駄賃之覚」（慶長七年六月一〇日）の記録があり、本陣が問屋を兼ね、宿継《しゅくつぎ》や伝馬人足の継立ても生業としていた。本陣の広さは二三八坪で、門構え、玄関を備えていた。中山道の宿場中、塩尻宿、上尾宿に次ぐ大きな宿泊設備を整えていたのである。また、元禄時代（一六八八〜一七〇四）までは旅籠屋七一軒、茶屋一八軒、商店二八軒、大工三軒を数え、飯盛女も最盛期には二〇〇〜二七〇人もいたとされるほど繁栄を極めた。追分宿は次の文化、文政時代には日光例幣使、諸大名、武家衆をはじめ諸商人の通行休泊が増えて賑わった。宿場は酒屋、質屋、水車屋、薬湯屋もあり、髪床、女髪結、按摩をはじめ仕立屋、小間物、雑貨、菓子店（東菓子・京菓子）などから魚屋、豆腐、油屋など様々な生業があって「山の都」の観を呈したと文献に残されている。

江戸時代初期の旅人は駄賃が定まった旅籠屋に泊まっても、自分で食料を携帯するのが通例で、燃料を買って自炊している。この食糧の多くは干飯であった。一日の食糧は二合五勺として、宿でこの干飯を柔らかくするためにお湯をもらう。この湯を沸かす薪の代金を払う。これが木賃宿と呼ぶ所以である。旅籠は旅に出るときに食物を入れて持っていく籠のことで、これが宿泊する家のことを意味していた。時代が進むにつれ、木賃米代制となり米も燃料も旅籠屋で買い求めたのである。さらに進んで、料理した食事を提供し、そ

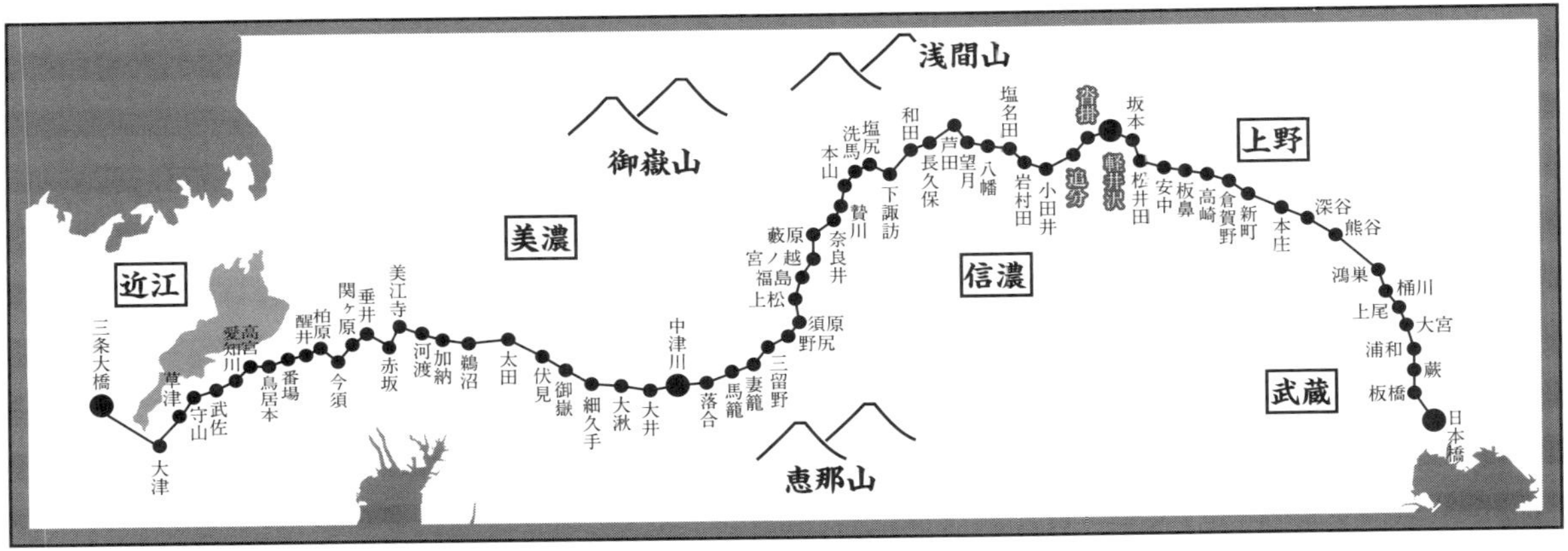
浅間山
御嶽山
恵那山
近江
美濃
信濃
上野
武蔵
日本橋
板橋
蕨
浦和
大宮
上尾
桶川
鴻巣
熊谷
深谷
本庄
新町
倉賀野
高崎
板鼻
安中
松井田
坂本
軽井沢
沓掛
追分
小田井
岩村田
塩名田
八幡
望月
芦田
長久保
和田
下諏訪
塩尻
洗馬
本山
贄川
奈良井
藪原
宮ノ越
福島
上松
須原
野尻
三留野
妻籠
馬籠
落合
中津川
大井
大湫
細久手
御嶽
伏見
太田
鵜沼
加納
河渡
美江寺
赤坂
垂井
関ヶ原
今須
柏原
醒井
番場
鳥居本
高宮
愛知川
武佐
守山
草津
大津
三条大橋

中山道六九次の宿場

の量によって代金を支払うようになっていった。慶長一六（一六一一）年は、木賃の公定は人三文、馬六文であったが、年代が進むと宿泊のみで三二文から一〇〇文まで、賄い付きだと一〇八文から三〇〇文となり、大名の宿泊は一〇〇匹から五両となっている。

旅籠では料理した食事の提供のために奉公人は沢山必要となり、給料や身代金も高くなっていった。軽井沢三宿の奉公人であった飯盛女は旅人相手に飲食の世話をしていた。軽井沢宿と沓掛宿では出女と呼んでいた。追分宿では飯盛女と呼ばれ、三宿の中では、元禄から明治までの間で最も多くの飯盛女が抱えられていた。飯盛女の奉公に関する旅籠屋組合の規定書があった。しかし、実態は幕府黙認の公娼でもあった。また、追分宿の彼女たちは三味線を引き馬子歌や追分節を唄い、民謡の文化を生み出していった担い手でもあった。

徳川幕府下、元和三（一六一七）年、公娼を置く遊廓は江戸吉原、京都島原、大阪新町など全国二五ヶ所あった。厳しい取り決めもあった。遊客を長く留めて濫費をさせない。遊女の人身売買をしない。危険な悪党を留めない。こうした道徳や治安に対しても対策を取っていた。特に人身売買は人道上許しがたい行為として奉行の名をもって厳禁し、違反者は死罪、または入獄、罰金を科した。

「軽井沢町誌」歴史編（昭和二九年八月）の「参勤交代と諸往来」の中に、「元禄時代には戸数約三倍となり、旅籠屋・茶屋の発展目覚ましく、人口亦空前の数字を示し、殊に飯盛女なる遊女多数が、追分節によって接待した絢爛時代であった」と記事が残されている。安永七（一七七八）年、小林一茶の詠んだ句には、「初雁も　とまるや恋の　軽井沢」とある。名物宿場の飯盛女のことは、街道中にその名が聞こえていた。その賑わいと繁栄は目を見張るものがあったと書かれている。ここで軽井沢は軽井沢・沓掛・追分の浅間三宿のことであり、俳人、柳人には軽井沢は一つの枕詞であり、追分の飯盛女も代名詞のようなところがあったという。

飯盛女が唄う追分節は浅間根越しの焼野の中から生まれた野趣と哀調を帯びたもので、この民謡の発生は

追分宿（明治初期）

江戸初期に遡るとされ、遊女や馬子の口を通して旅情をなぐさめつつ連綿と続いてきた。遊女たちによって唄われた追分節は、遠くは出雲に伝わり、安来節となり、また、北海道に伝わり江差追分・松前追分となり、諸国の民謡に伝播していった。諸国の民謡に多く見られる追分節の発祥の地でもある。

寛永から寛文年代（一六二四―一六七二）頃より幕末まで、飯盛女として借金の質物に年季奉公が行われた。この奉公をさせられるものはほとんどが娘たちであった。追分宿の旅籠の飯盛女の出身地は尾張が最も多く、次に美濃、信濃、越後、越中、江戸が続き、さらに、三河、上野、加賀、伊勢、能登、飛騨、甲斐、遠近、最も遠方は伊予、阿波まで広範囲に及んでいたという。また、遊女たちの生家はほとんどが農家の出身であり、身代金は幕末の頃には一〇年間で二、三〇両、芸能に優れたものは一〇〇両、二〇〇両に及んだ。女性たちの晩年は年季奉公が明けでも帰郷するものは少なく、なじみに見受けされるもの、かけ落ちするもの、相対死（心中）したものもあった。追分宿では泉洞寺の過去帳にその名が残され、寺の墓地に墓碑を立ててもらった飯盛女たちもいる。吉野大夫の墓はよく知られている。

茶屋は街道の宿場の出入り口付近にあり、即ち木戸に必ずあって、街道が曲型《かねがた》に折れ曲がった土手が両側にあり宿内を見通せないように、石垣の上に芝土手が築かれていた。諸大名の休泊のときは席札を土手に立てておく慣習であった。追分は西口だけだったが、軽井沢宿は両入り口にあった。追分の西側は二つの街道が合流するため往来が頻繁であり、軽井沢は碓氷峠と横川の関所を前にした宿場のためであろう。この石垣は沓掛宿にはなく、小田井宿には東口に一か所あった。追分宿も軽井沢宿も枡形に十数軒の茅葺きや小板葺きの茶屋が立ち並んでいた。追分の茶屋は中山道と北国街道から往来する旅人の休憩所であり、遊興客の待ち合わせ処でもあった。旅人は縁台に腰を掛けて、腰の胴乱を取り出してたばこをふかし、世間話に花を咲かせながら、お酒やそば、うどんを食べ、旅の疲れを癒していた。遊客には女と別れを惜しむ良い場所でもあった。

このように追分宿は文化・文政のもっとも円熟した吉宗の時代、東西文化の交流地点として賑わいをみせていた。この追分宿は東西の歴史を変える大事件や戦いのたびに行き交う大名や藩士らの街道でもあった。本陣と問屋を兼ねていた土屋家と追分宿にとっての大事件に、皇女和宮の降嫁や加賀の前田家、尾張の家老の参勤交代をはじめ、佐渡の運上金銀の輸送があった。

例えば、皇女和宮一行の本隊は千数百人で、警固の者や人足などを合わせると、その長さは五〇キロメートル、二五、〇〇〇人にも達したと言われている。佐久の地では八幡宿本陣、沓掛宿本陣で宿泊し、碓氷峠を越えていった。本陣は幕府の助成も受けていたが、諸大名の援助を受けている場合が多かった。追分宿では加賀藩の前田家からの助成が多く、参府の際の当宿や中休みがきまると事前に役人が見分し、塀や雪隠に破損がみられると、加賀藩より五、六両が下付されている。参勤交代制が定められた寛永一二（一六三五）年以降、追分本陣文書によれば、大名の越前侯、池田侯、土州侯、立花侯が初めて休んでいる。ほかに本陣に止宿した大名は尾州、加州、浅野、薩州、中川、伊達、細川、黒田、宗、紀州、高松、毛利と多数に亘っている。

江戸時代、宿駅のある村は、道中奉行の支配を受け、伝馬、旅宿、飛脚などの公用通行のために人馬を供給する義務を負っていた。参勤交代のときは、この伝馬役が不足すると周辺の村からも助郷《すけごう》として、人馬を差し出さなければならなかった。中には三年間で一宿へ勤めた助郷人馬は人足三万人、馬一万頭に及んだという。そのため、追分、沓掛の両宿の助郷二一カ村は人馬徴集の軽減を道中奉行に訴えたこともあった。幕末までこの制度はつづいた。このように、追分宿は重要な事件や人々の往来を見つめてきた。

少し時代を戻そう。ほかにも、古くは一遍上人、江戸後期には伊能忠敬の測量隊、幕末には佐久間象山、文久三年には近藤勇らの水戸浪士隊が追分宿に泊まっている。この中には小諸私塾にいた佐々木如水も加わり、京都守護に向かっている。

商人や庶民も伊勢や善光寺参りのために多くが通行し、俳諧師芭蕉や一茶らも宿をとり、追分で読んだ歌は今でも石碑に刻まれている。芭蕉は元禄元年（一六八八年）、『更級紀行』を世に出し多くの俳句をここに残している。絵師の葛飾北斎は高齢にもかかわらず江戸と小布施を四往復もしているという。中でも井原西鶴は追分泊まりを『好色一代男』の中で記事にしている。追分宿は武士から庶民、文人墨客の夫々の旅をいやす場所でもあったが、本陣、問屋から旅籠、茶屋、商人、農家にとっては時代の変化に気の休まらない仕事でもあった。

浅間山麓の宿場は寒冷で厳しい自然地であるにもかかわらず、ここまで追分宿が繁栄をみたのは、この駅宿が中山道の重要な位置にあったからに他ならない。しかし、主要な街道の宿場がいつまでも安泰でいられることはなかった。時代の大きな波は、開国を迫るアメリカ、イギリス、フランス、ロシアの西洋諸国、それに対する長州・薩摩の諸藩の尊皇攘夷の嵐、勤皇派と佐幕派との戦い、戊辰戦争後は江戸幕府の崩壊から明治・大正へと進んだ。やがて「御一新」により明治の近代化がこの街道筋を一変させていった。

この物語は、中山道追分宿と東信濃を舞台に、明治維新と近代化による旅籠や茶屋の盛衰を綴っている。さらに、維新後の日清・日露の大戦があり、また、第一次大戦後の好景気とその後の世界大戦によって翻弄されていく追分宿の高砂屋一家の茶屋・料亭の四代にわたる盛衰記でもある。今は過去の出来事として語られるだけになってしまった家族と郷土の歴史を見つめた物語である。

第二章　宿場の繁栄と文明の転換

追分宿の変貌

追分宿の東端に幅二間の昇進川がある。この小川のほとりに茶屋・高砂屋がある。今は、主人である二平と妻のりん、娘のかん、二平の養父である土屋仁兵衛とその妻の家族五人が茶屋を切り盛りしている。養父である土屋仁兵衛は先代からこの茶屋の家督を受け、過ぐる年までに娘を二人授かったが、男子の後継ぎがいなかった。しかし、小諸の塩川貞平の次男・二平を婿養子にむかえ、還暦を迎えた仁兵衛は道を挟んだ軒向かいの家に隠居し、孫の面倒を見ながら過ごし、中年夫婦の商売と家族のくらしを脇から支え続けている。追分は天明三（一七八三）年の浅間大噴火に見舞われたとき、村人は浅間の鳴動に慄き、火山灰を被り、翌年は凶作に見舞われ作物は育たず困窮した土地であったことを忘れなかった。天明の大焼けは、碓氷峠の降灰は五尺、軽井沢宿が四尺も埋もれ、被害は沓掛、追分までおよんでいる。浅間の北斜面の上州鎌原部落では火砕流によって住民五九七人の内四六六名が死に、助かった人はわずか一三一名であった。そのあと浅間山周辺の村々は凶作が続き三分、四分作となり、命をつなぐため藁、クズ、ワラビ、ドングリ、草根、木皮まで利用した。仁兵衛の父は子供を抱え、茶屋を守るのに必死の生活をしてきた。

この高砂屋の西隣、小川に架かる昇進橋を挟んで、自性院がある。仁兵衛も父から受け継ぎ、この自性院の信仰を厚く行ってきたのであった。この院は聖護院の末流で、任心院同行本山修験道であり浅間山の別当職を務めていた。この浅間山の中腹に突起した石尊山があり、千曲川一帯を見下ろす南面には坐禅窟という天然の洞穴がある。元文元年（一七三六年）から寛政（一八〇〇年）時代の観音菩薩、地蔵尊が二八体あり、修験行者の山伏の参禅勤行の道場であった。追分宿の旅籠・井幹屋がこの石尊講の講元となり多数が連名し、天下泰平、国土安

浅間山の噴火

全のため文化九（一八一二）年に建立している。修験道は、後の明治維新では神仏混淆禁止令によって明治二年には神官に転じたところであった。先代のように、仁兵衛もまた、自性院の護摩堂の不動明王をいつも礼拝していた。ここ自性院には佐久の三槇といわれた高野槇がそそり立ち、その根元には人常夜燈があった。諸大名、旅人の休泊の札所であることを示していた。

高砂屋は、この小川に近いことから、水は豊富に利用することができた。村の水車屋が作った水車を利用して穀物を碾くこともできた。何より千ヶ滝方面から流れ下る上堰の清水は追分宿にとって、生活や商売上の寶であった。西側には泉洞寺の門前を流れる上堰が下流の近江屋のところで横断していた。この用水からは宿場の沿道の両側にも、西から東にむかって水路が引かれ、家々の用水、水場となっていた。いままで養父仁兵衛は、二

追分宿水茶屋風景（金の草鞋）

平夫婦に茶屋を任せながらも、そば、うどん、団子の材料の米、小麦、そば粉の仕入れ、蔬菜などは、先代以来の取引のある宿場の商店や百姓、近在の百姓に手配し、用意を怠らなかった。追分は、酒造り申者は無く、酒は西隣の小田井宿の衣屋、岩村田宿の山城屋、清水屋の各酒造から手配していた。追分茶屋は「二六そば」が評判で、お酒一杯とそばで一二文を戴く商売をしていた。

幕末には参勤交代が廃止され、休泊する人が少なくなり、すでに追分宿では一般の旅人が泊まる宿泊所の旅籠は四八軒を数えるほどになった。しかし、まだ茶屋は西につがる屋(枡形茶屋)、東に高砂屋茶屋があり一八軒の茶屋が商売していた。旅籠、茶屋は問屋、本陣、脇本陣と並ぶ宿場の中核的施設の一つであった。追分では馬の手配や次の宿場までの荷物の受け継ぎなど人馬の継ぎ立てを行う大きな茶屋もあり、いわば鉄道の駅のような存在でもあった。

文久元年の絵図によれば、高砂屋は東の入口にあった。しかし、今は空き地となり、その面影はない。追分宿で今に残るのはつがる屋だけで、貴重な文化財となっている。つがる屋は表通りの庇が低く、出格子造りで二階の台が張り出している。二階壁には西側に⧄形、東の壁には家紋の漆喰塗りが往時を偲ばせる。

「宿村大概帳」によれば正徳元年（一七一一年）五月、幕府は荷物駄賃を定め、追分より沓掛（中軽井沢）まで荷物一駄四二文、乗掛荷は人共四二文、軽尻馬一匹二九文としている。一駄は四〇貫（一五〇キログラム）、軽尻と呼ばれる荷馬には、人一人と五貫までの荷物が許された。人が乗らない場合は二〇貫までであった。乗掛と呼ばれる荷馬には人一人が馬に乗ってつづら二個を両側につけた。荷物輸送は重量規定がなかなか守られないため、早いところでは正徳二年に貫目改所が設置されている。

天保九（一八三八）年、追分では中山道の三改所の一つとして貫目改所が設置され、幕府からは九〇両の金が下付されている。改所の敷地は本陣を兼任している問屋土屋市左衛門が永々と勤続して冥加至極であるということから、持地のうち八間を取り払って差し出している。改所の運営は代官の手代または手代のうち一名、問屋・年寄が出勤した。年寄は一名ずつ五日交代で詰め、大通行のときは全宿役人が出勤している。秤取りは馬指し八人の中から当番で二名のものが務めた。安政三（一八五六）年、松平大蔵大輔の家臣が追分宿到着後、直ちに改めを受けた。このときは規定の重量であり無事に済んだ。しかし、出立つ間際に衣類その他のものを荷物の中に押し込んで、改所の目をかすめようとしたのを摘発され、詫び書きを入れている。

また、貫目改めを手際よく処置してくれたとのことで、係のものに金一封を渡す大名などもあったという。貫目改所は明治五年に伝馬所廃止とともに廃止され、この家屋は土屋市左衛門に払い下げられている。現在はその跡地の裏側にはきれいに積んだ石畳を残しているだけである。

一方、街道はやくざや無頼漢のものを連れ込んで禁制の賭博をやり、村のものを誘い入れて勝負となり、ついに殺人強盗などで世を騒がせるものもいた。また、百姓は幕藩封建制度のもとで年貢を取り立てられ、生活費のため金に窮した事件が起きている。明山や百姓林を持たない大多数の小百姓は薪木、下草、馬草などを取るところがなかった。やむなく領主の御林、郷蔵林などに入り込み盗伐をする。役人に荷物や道具を取り押さえられたり、罪を問われたり、殺傷事件になることが多かった。そのため追分には西の北国街道入口に牢獄、刑場が置かれていた。

盗伐林事件のたびに庄屋市左衛門は百姓が罪に問われるのを見かねて同村内の自分の囲い林を名主に与え、大小百姓に割り当て、伐採の取り決めを計った。山を荒らさず、罪を犯さず生活ができるようになった美談もある。

追分は二つの大きな街道にあり、暗い事件もあったが何処の農村と同様に娯楽はお盆と正月はもとより、村の鎮守社の祭、正月の山の神祭り、春の農休み、お日待ち祭り、月の上がるのを拝む月待ち祭り、伊勢参りなどがあった。また、婚礼があると花嫁や取結びの様子をみようと村の老若男女がその家の庭に集まり一挙一動を見る。勝手な批評をして見物するものが常だったという。

このような、二つの街道の分岐点にある追分宿は波乱に満ちたところであり、旅人の出入りが多く、追分茶屋の仕事はなにかと多忙を極めた。旅人は三方から追分宿に入り二方向に分かれていく。追分の地元に明るくない養子の二平にとっては大仕事であり養父仁兵衛から厳しく教えられた。

二平は文化一三（一八一六）年の生まれである。仁兵衛が還暦を迎えるころにはすっかり追分の旅籠・茶屋仲間、近在の百姓たちとも打ち解け商売も軌道に乗っていた。ある雨の少ない乾燥が続いた晩秋に折からの強風を受け、数軒先の旅籠伴右エ門宅から出火した。泉洞寺四百年記念誌の年表によれば、この万延元年（一八六〇年）の大火では、泉洞寺ほか三八軒が焼失したとある。ここ追分では大火がたびたび起こっている。二平は定火消し役の一人として素早い働きをし、これ以上の火災の延焼を食い止めることができた。これも昇進川に近い利を生かしたことにもよるが、このことをきっかけに村人の信頼を受けるようになった。

何事も時代の変わり目に、大きな事件が起こるものである。すでに、隠居していたが、仁兵衛が亡くなると、高砂屋を託された二平は幕末の乱世を生き延びていかなければならない。彼には先代同様に男子ができなかった。一度は、りんに男の子が生まれたが、五歳で麻疹を患い、追分宿の医師・玄荘にも見てもらい、薬も飲ませた。しかし、商売の忙しさに看病もままならず、介護の甲斐なく亡くしてしまった。りんは二平より三つ年下でもあったが、仁兵衛ゆずりの気丈なところがあり、無理をし過ぎていた。代々男子に恵まれないことをりんはこの時ばかり悲しい思いとしてあきらめきれなかった。この時代、子供は七歳までは「神の子」と言われたように、少し油断すると手だての甲斐もなくこの世から消えていった。

文久の頃に東信濃の佐久地方では麻疹が流行したという。なぜか、長州藩が通行した後に、麻疹がはやり始めているという。先祖の墓があるここ追分泉洞寺にやさしく葬り、今は父仁兵衛も眠る墓に、ときに足を運び、春・秋の彼岸には供養を欠かさずしてきた。追分には北には鬼門除稲荷神社、中央には諏訪大明神が祭られた大門がある。この大明神には神主の山城が、その隣に医師の玄荘が構えていた。仁兵衛の臨終には祈祷もしてくれたが、古希を過ぎ高齢であった。

この時代、家族の命日には油揚げや豆腐と大根の精進料理で済ますことが多かった。その上、先代の仁兵衛からのしきたりで家族のものは喪にあるときは精進するために魚や鳥を口にしない「魚鳥留」を守った生活をつづけた。

しかしながら、この商売の後継ぎは何としても作らなければならない。二平はやがて次の代も婿養子を考えなければならないことになっていった。

夫婦の長男と養父仁兵衛が眠る浅間山・泉洞寺は、開山が慶長三年、曹洞宗の大本山永平寺とともに本尊は釈迦牟尼仏である。曹洞宗は道元によって開かれた禅宗の寺院であり、隠れキリシタンの寺が多いといわれる。その遺物がたくさん残されている。また、この寺には庚申塚がある。庚申塚は猿田彦の神を奉り、道を守る道祖神となって、江戸時代には村の辻々に塔が建てられている。庚申の当たり年や災厄を免れた年などに建てた石塔が庚申塚である。また、子安如意輪観音菩薩も多く、庶民の安産や育児や子供の安全を祈る心がこめられている。泉洞寺の如意輪観音像は戦前の作家堀辰雄が半跏思惟の野仏の像として愛でたことで知られている。

泉洞寺は平成一〇年四百年記念事業で法堂の本尊解体作業があり、この胎内から墨書の巻物一巻が出現した。「聖観世音菩薩新造勧化帳」と題されたその巻物は、延宝九（一六八一）辛酉《かのととり》年六月廿日の日付で収められていた。檀家、僧侶、篤志者の寄付者総計二五三名の名が記載されている。高砂屋の先代仁兵衛は追分村惣旦那衆の一人として三二文を寄進し、村の女房衆、下女達とともに名を連ねている。本尊は聖観世音菩薩であることがわかり、この底部には「善導大師」「法然上人」の二人の高僧の名が記されていた。辛酉は干支の一つであり、西暦年を六〇で割って一が余る年が辛酉の年となる。家綱から五代将軍綱吉に代わった年であった。

すでに世は大きく動き、徳川慶喜は江戸城の開城を受け入れ、水戸へ蟄居させられていた。そして、大政奉還へと進んだ。明治になったとはいえ、鳥羽伏見の戦い以来の、官軍と奥羽越列藩同盟との戦いはつづき、この先の世も何が起こるか定まらない。この中山道には幕末の乱世の大きな変革の波があちこちから聞こえてくる。二平は明治の「御一新」の出来事を聞き逃さなかった。高札所の張り出しに気遣い、また、江戸や京都からくる行商人らからの話を大切にした。安政五年の大獄のあと、橋本佐内や吉田松陰らが処刑されたこと。また、西郷隆盛が江戸に入る前に池上本門寺で勝海舟と重要な会談をもったことなど。忍び寄る変化がこの街道筋には次になにをもたらすのか不安の思いが高まるばかりであった。これからの家督相続を考えれば、地元のものからしっかりした婿養子を迎えることを考えなければならなかったのである。

本陣の土屋市左衛門は元武田の家臣であり天文年代の中頃から追分に居住し、慶長には小諸城主仙石秀久に仕官し、発地村（軽井沢町）のうち一三〇貫文を知行した土地の豪族であった。村の政から江戸のことまで何事にも明るい庄屋でもあった。土屋衆の分縁でもある茶屋仲間五人組の紹介から庄屋の薦めを受け、追分村の佐々木忠平の二男千助を明治一一年一月一七日に一五歳で養嗣子に迎え入れ、長女かんとやがて一緒にし、祝言を上げることになった。二人は文久二年、三年の生まれで、か

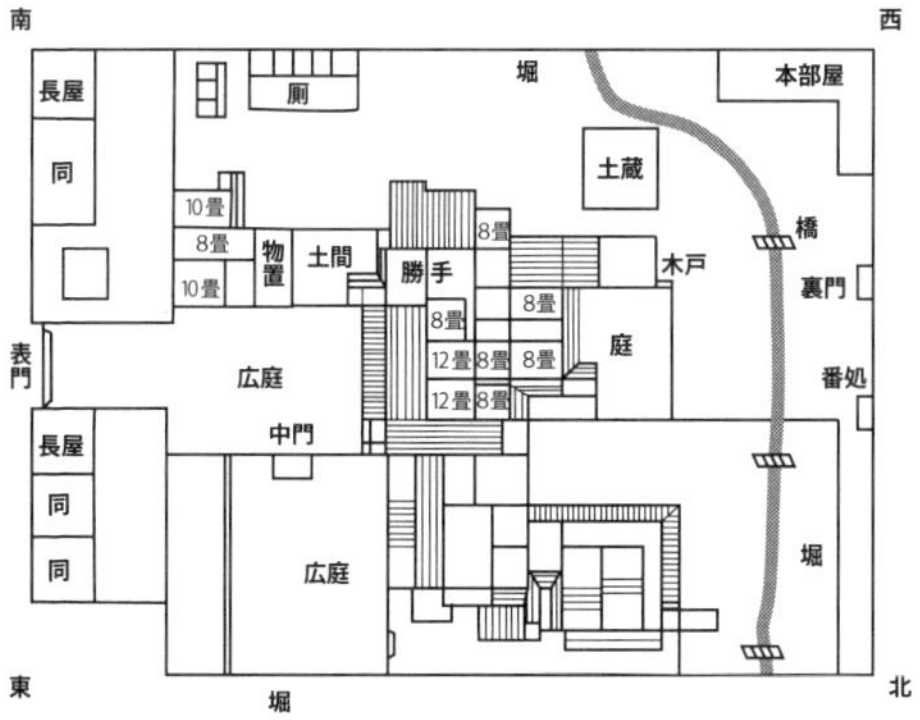

追分本陣問屋図

んは一つ年上の姉さん女房である。後に、この二人には「御一新」の大変革の中で、街道の衰退から新たな新天地への人生がまっていたのである。

幕末には官軍が京都から江戸へむかう折、その先鋒隊であった赤報隊の総裁相楽総三らの偽官軍と小諸藩、岩村田藩による追分戦争があり、大黒屋など一五戸が焼き払われる大事件が発生している。江戸から明治となり、明治一一年九月には大きな出来事があった。明治天皇が全国の民情視察のために北陸巡幸の途に上がった。天皇は八月三日、東京を出発し、九月六日には碓氷峠を越えて峠村で小休。長野県令楢崎寛直の先導で、軽井沢宿で昼食、すでに参勤交代も廃止された街道筋は衰退の翳りが著しかった。貧しい民家の街道を過ぎ、追分宿の行在所（旧本陣）に宿泊された。その時の一行は官僚六七二人、県官・警察七九七人、人足一〇二七人、馬一一三頭であったという。追分宿は御膳水の水質調査まで行い、約千人の家具類を準備し、布団は一一カ村から三八二枚を借り入れている。宿泊の食事は、佐久の産物が主であり、食材の淡水魚は鯉、鮎、鰻、鮒、鰍であり、鳥は鶏、鶉などをはじめ、蔬菜は、蓮根、百合、山芋、松茸、葱、クワイと多種が用意されたという。旧本陣にとって、これだけの食材と約二五〇〇人分を超える食事を用意することは、衰退しつつある追分泊まりにとって命がけの仕事であった。近在の百姓が旅籠、茶屋に出入りして売っていた材料だけでは種類も品数も不足する。佐久平や小諸方面の宿、上野の宿を通じて農家からの食材も準備することになった。すでに内務省から県には内達が事前にあり、退避所修繕費、行在所修繕費が渡されており、追分宿へはそれぞれ一〇〇円、一五〇円が渡されている。手落ちが許されない新しい時代の緊張がつづく一大事となった。この明治天皇ご一行の宿泊は、村人のこれからの世の行方を決定づける出来事となった。

ここでは少し、浅間山麓の追分や佐久盆地の自然と農業について触れておくことにしよう。追分は、浅間三宿の中でも沓掛、軽井沢のように霧が立ち込め、湿度のある寒い日もあるが、長くは続かない。これらの集落より地形上高い位置にあることが幸いしている。この高地から西に下り、開かれた佐久盆地のかなたには八ヶ岳連峰、蓼科の連山を望むことができる。初夏、高原の宿場は小鳥のさえずりと明るい太陽がまぶしい爽やかな土地である。しかし、冬、浅間颪は冷たく、この街道筋を駆け抜ける。

この浅間高原一帯は、現在、避暑地として開発されている。しかし、気候は高原の寒冷地のため、川の水は夏でも冷たく、雲場池のように温水池で溜めなければ農業には使えないほどで、もともと稲作に不適な土地である。また、僅かな平地や湿地はアヤメやランが咲く湿原であった。高地ではナラ、カエデなどが自生し、平地とは異なる林相を呈している。その上、火山灰の土地では蕎麦や山芋など限られたもので生計を立てるしかなかった。浅間根腰の人々が、動揺したのは明治二（一八六九）年の夏の噴火だった。天明被害の再来を心配し、あいつぐ噴火を浅間の怒りと恐れる人々もいた。このような自然環境から追分は大火も何度も出してきたのである。したがって、米・麦などは佐久盆地の穀倉地帯に依存するしかなかった。

時代を少し遡ると、元禄期の佐久地方は、小諸藩、岩村田藩、田野口藩（後に竜岡藩）の領主が治めていた。元禄一五（一七〇二）年、小諸藩は一万五〇〇〇石と小藩ながら譜代大名牧野康重が初代藩主として治めていた。小諸の城下町は追分同様に浅間山の裾野に広がり南に向かって急斜面で千曲川に向かって下り落ちる地形のため平地は少なく、水田開発は限られた山麓の裾野の棚田や佐久盆地寄りの地域で行われていた。佐久盆地では八代将軍吉宗が米作を奨励する以前の八十数年前から水田開発が盛んに行われた。

この水田開発者は私財で用水路を開削し、村民からも尊敬を受けていた。中でも、五郎兵衛新田の開発者市川五郎兵衛は蓼科山方面の鹿曲川から五〇キロの用水を寛永七

（一六三〇）年に開発した。また、御影用水は柏木小右衛門が浅間山麓の湯川・千ヶ滝から六四キロの用水を慶安三（一六五〇）年には完成させていた。小諸藩による水田開発を主導した彼らはかつて、戦国時代に武田家臣団の一員であり、武田家滅亡後は農民として用水路と新田開発に力を注いだ。彼らはこれらの用水路管理権をもち、領主より新田内に一五五石の除地をもらい、年貢割り付け状を発行し、その土地の年貢徴収を行うほどであった。また、用水普請を行うために軍事編成までしていたのである。しかし、ここ中山道の佐久路は浅間三宿のほかに、西の和田峠までの間、小田井、岩村田、塩名田、八幡、望月、芦田、長久保とつづき十の宿場をもつ。これだけの宿場の食事を賄うためには、近在の農家だけでは不足することもあり、旱魃などのときは遠方の越後からも調達することとなる。

余談だが、これらの諸藩も戊辰戦争では、慶応四（一八六八）年には東山道軍が美濃の大垣まで進んでくると佐久の譜代三藩はその去就に迷い、混乱していった。岩村田藩主内藤正誠は寛永寺に謹慎した徳川慶喜を守護して江戸に在京。田野口藩主松平乗謨《のりかた》は陸軍総裁兼老中格の重職にあった。この地の三藩では重臣を送り、勤王の誓詞を発し、徳川慶喜の寛典を願ったが、聞き入れられず岩村田藩主、田野口藩主は謹慎を命じられている。小諸藩は追分戦争に、他の藩も強引に官軍の倒幕の戦争に駆り立てられたのであった。松平乗模《のりかた》は江戸時代末期に上田藩の赤松小三郎が提起した議会政治の憲法草案を提唱したように、初期の憲法構想を提起した一人でもあった。

陸蒸気の出現と追分の衰退

明治政府の近代化の目的は西欧に追いつくことであり、そのための施策の一つが富国強兵政策であった。西欧の産業革命から遅れること約一〇〇年、急速に近代化を推し進める必要があった。鉄道建設はその一つであり、明治五（一八七二）年、最初に新橋・横浜間が開通し、その後全国に展開した。信越線は、明治二一（一八八八）年に直江津・軽井沢間が開通し、さらに、明治二六（一八九三）年に碓氷峠のトンネルの難工事を経て鉄道が敷設され、全線が開通している。この交通インフラによって中山道をはじめ、多くの宿場は大きな影響を受けることになる。あとで述べるように、鉄道計画路線変更や碓氷峠のトンネル工事完成までの明治二一～二六年にかけて馬車輸送などが行われ、その中継点であった追分宿は次第にその影響で宿場としての機能を失うことになる。さらに、周辺の村々の地域経済や文化へも影響し、地域は変貌していくことになった。

追分宿はこの信越線の鉄道計画から外れ、やっと鉄道が通るのは信越線開通から三四年後の大正一二（一九二三）年一〇月で、追分宿の南東約二・五キロに信濃追分駅ができる。この距離は現代では問題となるほどの位置ではない。しかし、決定的な違いは、人力の「籠」や「徒歩」、「馬」などから「列車」「機関車」に、交通事情が大転換したことだった。旅人の移動時間は短くなり、物資の輸送は飛躍的に発展した。やがて、街道を旅する人は少なくなり、追分宿をはじめ、路線計画から外れた宿場周辺の他の宿場も衰退していった。北国街道では商業の街・小諸もその地位を低下させていった。江戸期の各街道の多くの宿場町も同様な宿命をたどっている。

第四章で明治政府の鉄道計画とその変更過程や影響について詳述しているが、ここでは江戸時代の人や物の輸送の交通事情を追分宿の例から振り返ってみる。

『佐久文化の起源五』によって追分宿の成立と構成を見ることができる。追分宿は中山道と脇往還の北国街道との分岐点（分去れ）にあたるので、追分の名が生まれた。これは近世になって発生した地名ではなく、中世以前に遡るものとされている。追分宿の諏訪神社に宝蔵されている大般若経の奥書の中にも嘉応元年（一一六九年）に次のように書かれている。

「佐久郡長倉郷逐分大明神御宝収蜜（ママ）　嘉応元年己丑正月　奉　斎藤家臣」

平安時代末期のこのころ、東信濃の一隅の浅間山の寒冷地に、この地の武士たちが大般若経を奉納するような大社があったということであり、驚くべきことであると述べている。ここを守護する集落があり、「追分」という地名から交通の要所としての機能を果たしていた場所であることが伺われる。吉沢鶏山の「四隣譚藪《たんそう》」（元文元年［一七三六年］岩村田周辺の歴史書・大正三年出版）によると「追分は今の東にあり、慶長の末、洪水により亡村す」と書かれている。この地は現在の宿場より五〇〇メートルほど北東にあたる別荘地、軽井沢測候所の一帯で、湧水が多くある場所が比定されている。慶長元年に、江戸幕府の中山道制定の命により、この土地が選定され、洪水被害の集落の人々、草越方面（御代田町）の人々が集められ屋敷割りをして宿場が形成されていった。このときの新しい集落は「逐分《おいわけ》」を襲名した宿場であったが、寛永八（一六三一）年に脇往還の北国街道が制定されたので、新しい意味で「追分」となったとある。

さらに、「文禄以来、新駅定まるところは沓掛、追分、小田井より永五文、岩村田より永五文、塩名田より永三文、荒町（現在の八幡）より永三文、望月、芦田、長久保、和田」とあり、京に向かって宿場名が書かれている。追分宿は慶長七（一六〇二）年六月一〇日板倉勝重らによって伝馬荷物・駄賃荷物に関する定めが達せられている。

この「定路次駄賃之覚」には以下のように記されている。

追分より小田井迄荷物壱駄四拾貫目ニ付而永楽七文、同沓掛宿へは五文之事
乗りし壱人は拾八貫目相定候、井少之乗かけ荷物成共、計にかけ右之積リヲ以無遅々様
ニ付送リ可ㇾ被ㇾ申事
一、びた（鐚）銭ハ永楽ニ六文立ニ取引可被申事
右之条々御奉行所より被仰付候間、如斯書付置申候也、仍如件
慶長七年六月十日
　　　　　　　ならや市右衛門
　　　　　　　たるや三四郎
おいわけ御中
　　　裏書
　　　　　　　　伊奈備前（忠次）
　　　　　　　板倉四郎右衛門（勝重）
　　　　　　　加藤喜左衛門（正次）

大久保十兵衛（長安）

さらに、追分宿の形態を示す資料（児玉幸多著「近世宿駅制度の研究」）によると次の通りである。

一、追分町長サ五間、町はずれより小諸境迄拾八丁、同御領所小田井境迄拾弐丁、同御領分
宿境迄拾弐丁四間
一、同家族八拾弐軒　右之内七拾壱軒　旅籠屋
同拾壱軒　家持之茶屋
同七軒　　借地の茶屋
同弐拾八軒　借家・塩茶商売仕候
同弐軒　諏訪大明神祢宜　次右衛門・八兵衛
同三軒　大工三人
一、酒造り申者無御座候　請酒之儀ハ町中不残商売仕候　紺屋　質屋ハ無御座候
一、泉洞寺　禅宗　所之者田畑少も付置申候

本寺上州古宿村常林寺
外六軒　泉洞寺門前借家之者　茶屋
一、御朱印ハ寺社共ニ無御座候
馬数四拾七疋　役馬
外八疋　市左衛門　馬数五拾五疋　役馬
八郎右衛門　無役馬　内八疋無役馬
寺　祢宜

元禄一三（一七〇一）年の書上によると町の長さは六町四間、町並みは一通りで、裏町、横道はないとある。貞享～元禄の間に一町余宿が大きくなったことがわかる。貞享四（一六八七）年には西方へ新町一町三五間が延長され、一九軒の家が作られた。このころ家数は八二軒でうち七一軒が旅籠屋、一一軒が家持の茶屋である。借家の茶屋七軒、塩茶商売二八軒、神主二軒、大工三軒であった。大部分が旅籠屋であった。主な年代の人口と家数は夫々、寛永一一（一六三四）年人口不明、家数五四軒、元禄九（一六九六）年八九二人、一五二軒、正徳三（一七一三）年七九二人、一三二軒、文化三（一八〇六）年八二三人、一一三三軒、天保一四（一八四三）年七一一二人、一〇三三軒、嘉永六（一八五三）年六七九人、一一八軒、文久三（一八六三）年人口不明、一一九軒、であった。宿内の人口は元禄から一貫して女性が圧倒的に多い。女性が多いのは飯盛女（遊女）が旅籠、茶屋に抱えられていたためである。正徳三年には飯盛女は女性の半数に当たる二一三人であった。

追分は江戸時代の初期から元禄時代にかけて人口も軒数も増加し、宿場が繁栄していったことがわかる。それは文化・文政のころまで続いている。江戸時代の最も安定していた時代といえる。

一方、明治・大正の近代化の中で、鉄道建設は人や物の流通手段を大きく変えたのである。これまでの時代は、大名、侍、商人をはじめ多くの人々の交通の手伝いは「助郷」制度によって成り立っていた。旅籠の役割は荷物の運搬を次の宿まで運び継げていくことだった。そのため宿で常備する人馬は徒歩役五〇人、馬役五〇人で、これを維持することは大変であった。常備の人馬では不足する場合、宿場に近い村々から臨時に人馬が調達された。元禄七（一六九四）年には全国的に宿場に協力すべき村々を定めその村を助郷とする制度ができた。参勤交代があると助郷たちは大変な負担がかかった。

安政四（一八五六）年の追分宿の荷物は四月、五月が最も多く、次に六月、八月、九月となり農繁期と重なっている。助郷村にとっては大きな負担となり、そのため災害や、困窮を理由に助郷免除や休年の願書が常に提出されていた。

追分宿では人馬継ぎ立ては、はじめ合宿の形態がとられた。合宿とは複数の宿が一体となって人馬の継ぎ立てをすることである。追分宿、沓掛宿、軽井沢宿は浅間根腰の三宿として共通した土地柄としての地域社会を作っていた。三つの宿場間の距離も夫々一里三町、一里五町と近い距離にあった。宿場の人馬が不足すると三宿が助け合って人馬の継ぎ立に当たったのであった。宝永二（一七〇五）年には道中奉行は、軽井沢が困窮したため人馬継ぎ立が行えないという嘆願を聞き、沓掛、追分両宿に対して、佐渡、越後方面から送られてくる金、銀、鉛、蝋の荷物を三宿が共同で継ぎ立てを行ったという。一宿馬二五頭、三宿馬七五頭までは助け合いでつけ送りし、足りない場合は助郷を出すように命じている。児玉幸多著『近世宿駅制度の研究』によれば、追分宿・沓掛宿の定助郷村十九村の村高・助郷高・戸数を示す資料がある。助郷高および村高で多い村は平賀村、下中込村、内山村、市村、野沢村の順になっている。いずれも、佐久盆地の中心の農村地帯で追分まで三里半の道のりを助郷として来なければならない位置にあった。したがって、人馬の継ぎ立ては苦労が絶えなかった。文化元年（一八〇四年）には今井村（助郷高二一八石）では困窮を理由に休役を願い出ている。五カ年の休役が認められ、今井村の勤高のうちこれに相当する七二石七斗分を他の惣助郷で分担をしている。

さて、明治二一（一八八八）年の追分宿の旅籠、茶屋を営んでいた家々は新たな決断を迫られていた。すでに、若い千助・かんは、男女四人の子を授かっていた。茶屋の客はすっかり少なくなり、生活はやっていけなくなる。二男はすでに一歳前に、千助の里の佐々木家筋に養子に出していた。しかしながら、子供を抱えて、これ以上この土地で商売は続けられないことがはっきりしてきた。

後に、三男が生まれ、長男、長女と三人の子供を抱えた年のことは忘れられない出来事であった。明治二一年一二月一日には、最初に信越線が直江津から軽井沢まで開通し、一日三往復の列車が運行した。そのため上野方面からの旅人は横川（上州）から碓氷峠は馬車を利用し、連絡がよい列車で長野、上越方面に向かうことができるようになった。旅人は追分宿をはじめ浅間三宿で泊まらなくなり、旅籠・茶屋を利用する旅人はすっかりいなくなっていった。したがって、追分宿の旅籠・茶屋・商店も各地へ移転をしていくことを余儀なくされていった。

　西と東から来た時代の先端である「陸蒸気」に踏みつぶされるように、翌年明治二二年五月、二平は追分で亡くなった。当時としては高齢の七三歳であった。二平は文化・文政の華やかな中山道の街道に茶屋をつづけ、くらし、繁栄が続くと信じていた。しかし、「御一新」の政治体制の変革だけではなく、いままで信じられない文明の転換に慄き、この街道で一生を閉じたのである。


　追分宿の残された旅籠・茶屋・商人は、大きく二つに分かれ、次々に移転を余儀なくされた。地元では、中山道の峠村（碓氷峠付近・軽井沢町）からその下の軽井沢宿も同様に衰退の翳りがひどくなっていった。東長倉（軽井沢町）の出身者は新しい軽井沢駅前の新街道筋に、もう一つの西長倉（軽井沢町）、発地（軽井沢町）の人たちは中山道の二二番目の宿場であった岩村田町や、北国街道の小諸町などへと移り住むものもいた。その他、上州の坂本宿など周辺の村に移り住む人々もいた。この選択は同じ佐久地方といえども、その後の商売やくらしと人生に大きな影響を次世代に残している。

　ところで、明治二三年、森鷗外は後の志賀高原の山田温泉に向かう途中、開通した鉄道を利用して追分宿の油屋に立ち寄っている。彼は陸蒸気の旅を楽しみ、帰途も追分油屋に泊まっている。ここ追分から峠の下の横川まで馬車を利用していたのであった。消えゆく「江戸」を惜しむ旅だったろうか。

前年の明治二二（一八八九）年、信越線、直江津・軽井沢間の開通により宿場の衰退がいよいよ明らかとなり、追分の旅籠営業者は集団移転を決めたのであった。当初の小諸への移転が認められず、一部の大旅籠が岩村田町へ貸座敷（遊廓）の新設を県知事に願い出ている。すでに、明治五年に政府は芸娼妓解放令を出しており、借金のかたによる年季奉公は禁じられていたが、営業の自由選択は公認されていた。その影響で追分の飯盛女は二〇〇人ほどから次第に少なくなり、残留するのは約半数の九八人となっていた。明治二三年、岩村田遊廓は、追分から移った旅籠と合わせ一一軒の貸座敷が七〇名の娼妓を抱えて開業したのである。

追分が最も華やかなとき、馬子歌は旅籠、茶屋で歌われていた。馬子歌は馬を引きながら歌った道中労働歌でもあった。追分の飯盛女たちに唄われたものが座敷小唄となり、その歌が、越後追分、北の松前追分、西の犬山宿へと伝承され、唄われていったとされている。追分中央の繁華街は五丁といわれ、その中心が三丁目の油屋、大黒屋、港屋、佐渡屋など大きな旅籠が立ち並び、美貌の飯盛女が多かったという。その後は発祥の地・追分から岩村田花園町の貸座敷に移った娼妓たちによって「追分節」が伝承されてきた街でもあった。追分節はつぎのように唄われてきた。

［追分節］

追分一丁、二丁、三丁、四丁、五丁ある宿で　中の三丁目がままならぬ
浅間山さんなぜ焼けしゃんす
裾に三宿もちながら　あのや追分　沼やら田やら
行くも行かれず一ト足も　追分枡形の茶屋で　ホロと泣いたが忘らりょか
（はやし詞）
住くよで来るまで　面かげさすよで　オオサ　ドンドン
碓氷峠の権現様は　主のためには守り神
西は追分　東は関所　せめて峠の茶屋までも
碓氷峠のあの風車　誰を待つやらくるくると

追分油屋の掛け行燈にゃ　浮気ご免と書いちゃない
浅間根腰の焼野の中に　菖蒲咲くとはしおらしや
浅間山から鬼ゃけつだして　鎌でかっ切るよな屁を垂れた
一夜五両でも妻持ちゃいやよ　妻の思いがおそろしや
五里も三里も山坂こえて　逢いに来たもの帰さりょか
さまのこぬ夜は雲場の草で　刈る人もなしひとり寝る
油屋におけどもありゃわしのもの　年があくまであずけおく
（はやし詞）
三里も先から足音するよで　来たよで戸が鳴る
でてみりゃ風だよ　オオサ　ヨイ　ヨイ

第三章　高砂屋、城下町岩村田への決断

岩村田遊廓と高砂屋

高砂屋の千助一家は、この頃にはどちらかに決めなければならない。かれは鉄道の時代を迎えて宿場追分が激変する旅籠の移転を目の当りにしたのであった。千助は養父二平の出生地に近い小諸近在で、かつ中山道街道筋でもあり、この地方の中心として役所がおかれた岩村田町へ高砂屋移転を決意する。岩村田には本町に「あさや」という老舗の料理屋があり旅館も経営し、数軒の同業者はいたが、商売を替えるわけにもいかなかった。また、千助は佐々木忠平の次男で幼少期に追分の油屋の学問所（寺子屋）に通っていたこともあった。この寺子屋を開設していた矢ケ崎七之助がすでに移転し、岩村田遊廓に「かめや」を出店している。岩村田花園町はいまでは全く知らない土地ではなくなった。追分宿から移転した旅籠の知り合いも多い。高砂屋が移転した土地は矢ケ崎七之助の紹介から表通りに面した土地一五〇坪を借りることができた。ここは遊廓にも近く、岩村田の東端の湯川を

渡ればこの街道は志賀村から上州の下仁田、富岡につづく脇街道の始点でもあった。文久三（一八六三）年生まれの千助はすでに三五才、賢く度胸もあり、その上、商売上手の感覚を身に着け、自立した茶屋・高砂屋の主人であった。かれは妻のかんと自信をもって、長男百助、長女かつ、三男浩三を引き連れて岩村田へ移転したのであった。

　このための資金はこれまで貯蓄していた元金のほか、親の実家から資金を借りることができた。実家は安政末期から文久にかけて養蚕・繭生産が順調であったため、大きな利益を上げていた。幕末期の日本の主要な輸出品のうち生糸・繭生産額は、慶応元年には九割を占めるに至ったほどである。しかし、明治中期にはやがて生糸の価格の上昇は酒や米までも釣り上げ、その後のインフレを招いていった。

　一方、政府は明治五年の新橋・横浜間の鉄道開通からすでに日本列島の各地に順調に鉄道敷設を進めていった。しかし、各地で蒸気機関車の通過に伴い、排煙が問題化する地域もあった。さらに、近代化の陰にはさびれ

岩村田宿「中山道分間延図」
（佐久商工会議所より）

ゆく旧宿場に対する何らかの支援の必要性が地方から上申されるようになった。このため、本陣、旅籠、茶屋など商売に対する補償を機能や規模に応じて優先して行うことが急務となった。人馬取次を兼ねた本陣・庄屋が郵便業務への転換などを行っている。千助一家もこのような機に、僅かばかりではあったが茶屋から料亭を作ることを条件に、県から営業奨励金を借りることができ、岩村田町への移転を進めていった。

千助は、やがて大正期には信越線小諸駅より岩村田町、中込村までの佐久鉄道の敷設が計画されていることも知り、これがいっそう背中を押すこととなった。後に、鉄道計画と実際の建設、村々への影響について触れるが、明治一六（一八八三）年に明治政府が決定したときには中山道幹線計画は碓氷峠ではなく、上州松井田村の碓氷川上流の横川から入山峠を経て茂沢、岩村田、塩名田の中山道を通るラインだった。しかし、後に中山道幹線計画は見送りになり、信越線が明治二一年上越方面から上田まで開通した。このとき、以東の小諸・軽井沢間は岩村田、小田井を通す計画だったが、これらの地域には反対運動があった。それ以前の明治一九（一八八六）年にも、岩村田町の住民は排煙問題などを理由に反対運動をおこした。皮肉にも時代の先を読むことは如何に難しいことだったろうか。

その岩村田宿は、かつて一万五〇〇〇石の城下町であり商業の町でもあった。岩村田宿の旅籠は追分より多くなかったが、龍雲寺や西念寺が本陣や脇本陣を兼ねた珍しい宿場であった。『中山道宿村大概帳』によれば、天保年間、岩村田宿の宿内家数は三五〇軒、旅籠八軒が設置され、宿内人口は一六三七人であった。中でも龍雲寺は境内に戦国の武将武田信玄の霊廟があり、武田勝頼が敬重した北高禅師の遺骨と副葬品が葬られている寺だった。城下町らしく南北の中山道を軸に、格子状の街路と、東側を流れる湯川の対岸の崖には鼻顔稲荷神社、北に住吉神社、西の街道脇には駒形神社が配置されていた。この地は天保一四（一八四三）年には宿高二六二七石、八斗三升八合、往還通りの長さ四三町四七間の規模で、小規模ながらまとまりのある佇まいの街である。

岩村田宿は江戸初期より米穀の集積地として物資輸送で大きな役割を果たしていた。中山道より北西に小諸、善光寺に続く道、南へ下り野沢を経て甲州へ行く道にあり、佐久街道と交差する交通の要所である。さらに、東の入山峠、和美峠、香坂峠の三本の峠があり、これらを越えて上州の下仁田、富岡、高崎へ続く道、いわゆる姫街道に繋がる交通の中継点でもあった。町の構えは浅間山麓の湧水を集め、御代田、軽井沢、矢ケ崎山方面から流れ込む湯川が段丘崖の東端を流れ、岩村田陣屋（のちに岩村田城）の防御の堀の役割を果たし、川筋は東から西へ円弧を描き、街を囲むように流れている。やがて、その流れは蛇行しながら千曲川と合流する。その昔、湯川は甲斐の武田信玄と北信濃の村上是清との古戦場でもあった。その台地に岩村田藩の城跡（藤ケ城）の往時を偲ばせるものがある。

すでに、明治二二（一八八九）年に追分宿の旅籠屋で中心となっていた人たちは、油屋主人の小川勇二、永楽屋の関多三郎、追分で学問所を開設し、のちに雑貨商を商う矢ケ崎七之助が発起人となって、当初、小諸に遊廓を造ろうとした。しかし、小諸は役所の許可が得られず、八軒の人たちが岩村田花園町に建物ぐるみで集団移転し、岩村田遊廓を造り、貸座敷を開いた。追分からは小川楼（油屋）、永楽屋、本嘉女屋、新嘉女屋、吉野屋、大丸屋、中木屋、八橋屋が移転し、岩村田からは高地楼、大黒屋、宝玉楼の三軒が加わり計一一軒であった。鼻顔稲荷神社のすぐ下を流れる湯川のほとりにあり、参拝客

湯川に浮かぶボートと岩村田遊郭・鼻顔橋（昭和一七年頃）
「思い出のアルバム佐久」より

も多く、佐久全域からの遊客などで賑わっていた。遊廓は黒い板壁で一町四方が囲まれ、その外側には東に湯川、西に常木用水が流れ、中でも西洋風総欅造りの五階立てのドーム「本嘉女屋」は象徴的な存在であった。

遊廓の正門の石柱は今でも残り、往時を偲ばせる。遊廓の配置は正門を過ぎると築山が両側に配置され、二階・三階建が一一軒。五階建ては嘉女屋だけであった。その一角には平屋の病院があり、建物は楕円形状に並んでいた。中心には池があり、遊歩道の橋が架けられている。周遊できるように四メートル幅の回廊式の遊歩道にはガス燈があり、入り口近くには演舞場が置かれている。このように配置は立派なもので、段丘崖の台地や鼻顔稲荷神社からはよく眺めることができた。廓内の遊歩道には柳、桜の木が植えられ、演舞場では芸妓のおどりが披露された。また、地域の女子、子供達には踊りや琴なども教えた。遊歩道は時には自転車競走、草競馬も行われた。遊廓の池は冬、スケートリンクにもなり地域に開放された。

岩村田は城下町の構えの上に小規模ながら遊廓がある花街として大いに賑わい、佐久全域の中でも独特な街を作っていた。その中心がもとは飯綱下という地籍を改名した花園町であり、この地方の華やかな花柳界を形成していった。花園町名は大正天皇崩御後の昭和三年、御大典記念により改名している。

一方、岩村田町は長野県佐久地方の行政機関、裁判所、警察署も置かれ行政機関が集中したところでもある。やがて明治から大正期には商業も発展し、繭糸会社、蚕業取締所、繭検査所があり、商業は古くからの酒造店、旅館・ホテル、飲食料理店があり、やがて演劇場など次第に華やかな街に変わっていった。大正七年には貸座敷一〇軒、娼妓五八名に登楼者延四万人、遊興金額七万余円に達し、中でも芝居を見せる岩盛座は人気を博した。また、昭和に入っても岩村田の初午祭は毎年一万人が詰めかけ鼻顔稲荷神社の湯川に架かる木橋の鼻顔橋は大混雑した。周辺は湯川を挟んで、養蚕の神様をまつる鼻顔稲荷神社とその台地の東に広がる常設の岩村田競馬場は明治四三年から続き、本町から花園町を中心に賑わいのある街に発展した。

また、岩村田遊廓では、移転の中心であった矢ケ崎七之助（安政四年～昭和七年・当時六八歳）がリーダーとなり追分宿の飯盛女・おさのから追分節を直伝してもらった小諸市御影の渡辺善吾（弘化四年～昭和七年・当時七八歳）を招いては芸妓たちに習わせた。かれは追分から岩村田に出てきた分里廓の人たちとともに追分節復興運動を起こし、藤間寿右衛門の踊り振付も加えて「正調信濃追分節」を完成させている。このように岩村田は、民謡文化でも追分宿から移転してきた旅籠永楽屋の飯盛女（おさの）によって座敷唄正調追分節が伝承され、後には地元の岩村田花園町遊郭の芸妓たち（岩村田町の清香、小諸市の木村美千代ら）に伝承されて唄われてきた土地であった。

ところで永楽屋のおさのは天保七（一八三六）年四月八日の新潟生まれ。座敷唄正調追分節が得意で「おさの節」と言われるほどの美声で江戸まで評判であった。おさのは文久二（一八六二）年四月一八日、塩名田宿の高野助右衛門の後妻となり、追分節を甚句に改良して広めていった。花柳界としての西隣の塩名田宿では「塩名田甚句」が生まれるまでに地域文化が開花いていった。

一方、岩村田の発展に刺激されるように遊廓の周辺の町々にも廓外芸妓が増加し、明治二四（一八九一）年には小諸町に、明治四〇（一九〇七）年に中込村の芸妓置屋が許可になる。各地の置屋料芸組合を組織して発展をはかり、酌婦と呼ばれる給仕婦を置く料理屋が広がり、これらの職業婦人は東京、新潟、群馬などから集まっていた。

繁栄の源――繭産業

なぜこのように信州東端の高地にある寒村の片田舎に繁栄がもたらされたのか。その背景に養蚕業の発展があった。明治初期の養蚕は山麓や畔に植えられた桑による女子の副業程度であった。しかし、明治二二（一八八九）年を契機に一般農家へ桑園が増加している。最大の要因は養蚕業の収益性であった。佐久地方の桑園の増加率は明治一六（一八八三）年を一〇〇とすると、明治四二（一九〇九）年四四五、大正一三（一九二四）年六七九、戦争が激しくなった昭和一四（一九三九）年でも八八八と八倍以上の増加率であった。これは水田に比べても反当り粗収入は明治三六年から四〇年には水田一九・四円に対して、桑園七〇・五〇円という高い収益性のためであった。蚕種と飼育技術の改良、夏・秋蚕による畑作業、水田作業との労力配分の工夫などがあり、中込原は明治二〇年代から桑苗生産の本場となっていた。季節労働者が新潟、山梨、群馬など近県から流入し、穀倉地帯佐久は明治四〇年代には米作・養蚕が両輪となり農家経済を支え、現金収入を増やした。その結果、消費を拡大し、農村といえども知見を全国にも世界的にも広め、生活・文化を高めていった。

これに伴い、桑園の小作料金の上昇により小作制度が確立し、零細農家を半労働者に変えて、その子女を製糸工場に送りだすことになった。農村を労働力の供給源に変貌させて資本主義経済の一環に組み込んでいったのであった。製糸の経営は寄宿舎制度による低賃金長時間労働の上に成り立っていた。明治二五（一八九二）年頃、女工獲得競争は激化し、製糸家は工場主、見番、土地の繭仲買人を使い周旋業者も介入して高価な手数料を取った。その結果、甘言、偽りの契約など不正手段が横行し、製糸家も募集費用の高騰などから賃金の切り下げや苛酷な就業規則を強制し、労働条件を悪化させた。いわゆる女工哀史の一因となった。

このために佐久では大正四（一九一五）年、平根村小学校長に就任した荻原喜太夫は貧困な教え子の現状を痛感し、打開策に乗り出した。適正な職業をあっせんし、労働者保護を目的とした女工供給保護組合を作り「平根村工男女組合規約」をまとめた。村長を会長に製糸工女の父母をもって組織した。その結果、二重契約、不正手段の排除、雇用契約の完全履行、賃金の完全支払い、待遇改善を雇用主に確約させることができた。この極めて当時としては斬新な発想によって多くの若者が救われ、全国初の試みであったが、新潟県など各地に普及していった。

一方、この地域の大規模の製糸業は、やや遡るが、最初に、明治二一（一八八八）年に丸万製糸場ができた。次に、盛糸社（明治一三年創業）が佐久の塚原村にでき、小諸では信越線の開通を機に、豪商小山久左衛門が大里村に一〇〇釜の大工場の純水館を開業している。小諸を中心に御代田まで一一工場七二九釜、生産額一万貫を超えている。また、佐久には上州の碓氷社・下仁田社が分社を設け、座繰り生糸を集めて揚げ返し輸出をしていた。明治二〇年代は下仁田社から独立し、岩村田の出沢千之助の工場で器機製糸に改め、明治三四年に合名会社佐久良社と改称している。同様に、中込村にも佐久社、臼田、平賀、大沢、野沢の一帯は製糸群を形成し、臼田町には明治館という大規模工場ができていった。長野県内はもとより、全国各地小工場が誕生している。

竹内誠らによれば、すでに文久三年の幕末の蚕種・生糸の輸出は幕府の黙認となり、主要輸出品の八四パーセントにあたる一二二〇万ドルに達し、原綿、茶、海産物をはるかに凌ぐ品目であったという。このように江戸末期から、養蚕、製糸工場、生糸産業は上州、信州、美濃、武州の中山道筋の内陸では明治の産業革命の基盤ができあがっていった。

千助一家は、追分の旅籠営業者の集団移転には遅れながらも、用意した資金によって岩村田花園町に、追分時代と同様に高砂屋の屋号ではじめは蕎麦屋を開いた。街の急速な発展の中で、商売は順調に進み、やがて使用人を増やし、本町には料亭・高砂屋を構えることができた。これは住まいとは別に町の資産家の所有する家を貸店舗として出発した。両店舗とも追分時代の屋号の高砂屋としたが、当初本町高砂屋は支店として出発し、後に長男百助に営業をまかせていった。千助とかんの八人の子供は、上から長男百助、長女かつ、三男浩三が学校に上がる頃には中山道筋の本町高砂屋の支店名は外れ、花園町高砂屋は蕎麦屋ではなく、本町と同様に料亭となっていた。

両高砂屋はこの激動する世に新天地への移転の中、二平亡きあと、残された千助とかんは、岩村田町であらゆる方法を考え抜き、定着し、生き残らなければならない。千助は多忙な傍ら町の有力者、繭問屋・生糸生産者組合、買い付けの商人、地元の豪商らとの交流を重ね、常に新しい情報を掴んでいた。千助は追分時代の旅籠から先に移転した追分の仲間との交誼を大切にし、地元の銀行の有力者の力を借りて資金を作り、手腕を発揮するまでになっていた。店も屋号ではなくお互い電話番号で呼び合い花園町「八番」さん、本町は「一四番」さんと呼び合っていた。

千助がその手腕を発揮していったもう一つは追分の寺子屋で影響を受けた趣味の句会であった。「佐久の俳句史」によれば、自らの雅号を「噐水」、別号を「方円亭」とよび伊藤松宇らと交遊し、旧派の流れをくみ、古俳書にも明るかったとある。地元岩村田では俳句結社「相生吟社」を主宰していた。県下の数々のまちの俳句界にも顔を出していた。長野県俳人名大辞典には次の句が残されている。

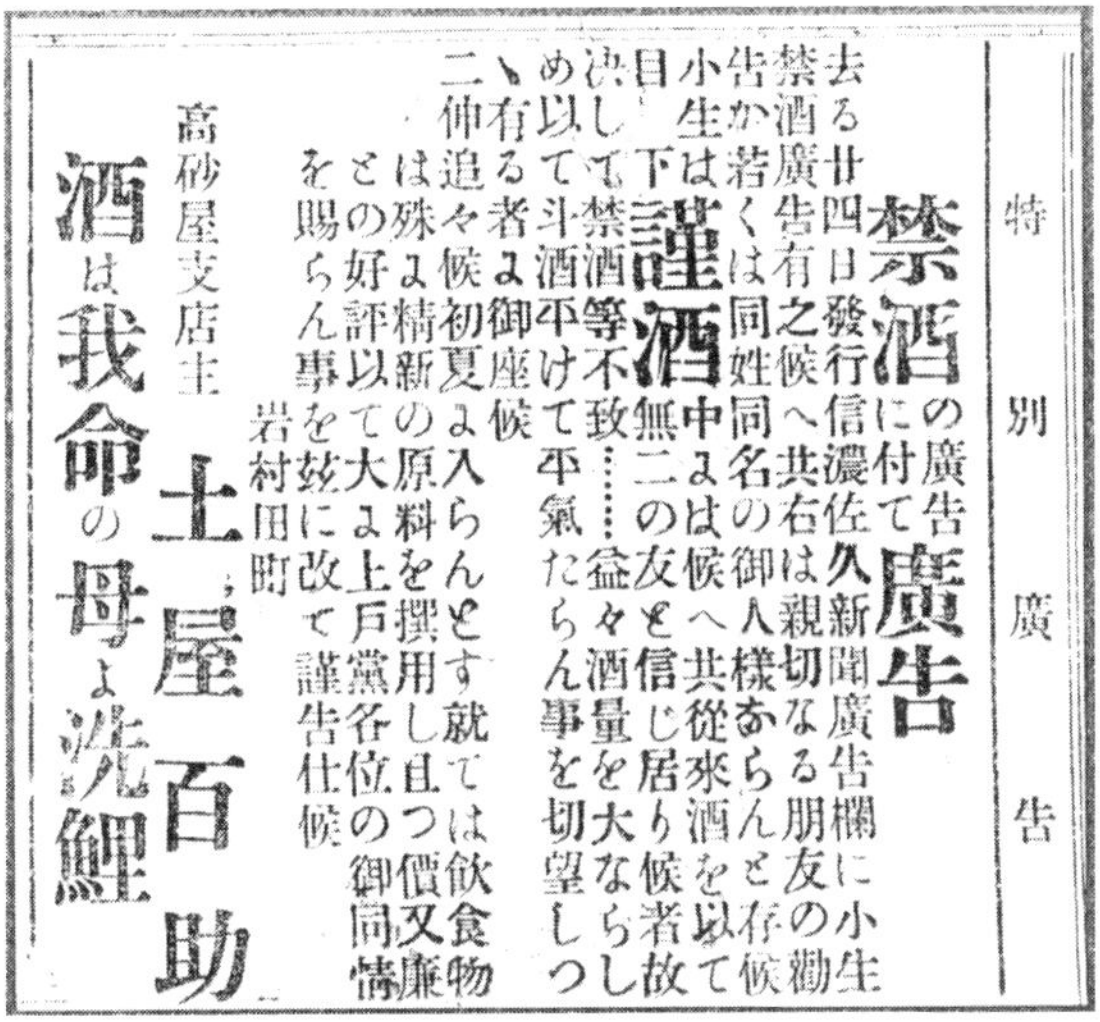

特別廣告

禁酒の廣告

去る廿四日發行信濃佐久新聞廣告欄に小生禁酒廣告有之候へ共右は親切なる朋友の御勸告か若くは同姓同名の御人様あらんと存候小生は謹酒中には候へ共從來酒を以て日下謹酒無二の友と信じ居り候者故決して禁酒等不致……益々酒量を大ならしめ以て斗酒平けて平氣たらん事を切望しつゝ有る者に御座候

二伸追々候初夏に入らんとす就ては飲食物は殊に精新の原料を撰用し且つ價又廉さの好評以て大に上戸黨各位の御同情を賜らん事を茲に改て謹告仕候

岩村田町
高砂屋支店主　土屋百助

酒は我命の母に洗鯉

信濃佐久新聞特別広告（明治四二年）

信州岩村田高砂屋絵葉書（明治後期）

「山に水　花に酒なき　国もなし」（噐水）（長野県俳人名大辞典より）

岩村田の遊廓・花柳界に遊ぶ豪商から成金までが満足する有楽を工夫する仕掛けでも機知に富んでいた。高砂屋は岩村田遊廓の入り口に近い通りに位置していたことから、芸妓たちの店がハネたりしたときには旦那衆と連れ立って座敷に立ち寄り交流が行われていた。小川楼、永楽屋、八橋屋などの芸妓は追分時代からの旅籠・茶屋の仲間と置屋料芸組合という関係にもあった。

千助は鼻顔稲荷神社の大祭に合わせた発句会の選考には東京から師匠を招き、参加者の句に対する高揚心を高めることに真剣になった。さらに、賞金を出すなど、楽しみを倍にした。また、鼻顔稲荷神社の真下の湯川には用水路に引き込む堰があり、この湯川プールにはボートを浮かべ利用できるように街に働きかけるなどした。競馬場帰りの儲けた人、損した人の足を止めるのは、遊廓や飲食店、岩盛座だけではない工夫にも余念がなかった。

一方、千助の妻、かんはこの激動の発展の中で子供にも恵まれ、四男四女を授かったが、次女は追分で、四女は岩村田で幼くして亡くしている。明治から流行った「なんばんころり」によるものであった。次女を四歳で亡くした時は追分からの移転の準備があり、心労も重なり、子供の世話ができなかったことが悔やまれた。

千助は長男百助に本家である本町高砂屋を継がせたいと考えていた。明治二一（一八八八）年にできた岩村田の郡立高等小学校を卒業後は家業で働かせていた。また、旧制中学やその他の学校は周辺に創られていなかった。長男より十歳下の三男浩三は、技術を身につけさせるため木曽の県立山林高校に進ませていた。四男玄一は商業高校のあと東京の飴菓子本店の「栄太郎」に奉公に出し、手に職をつけさせることにした。後に、和菓子職人として独立し、本町に井筒屋を開業している。

千助は店の経営にも気配りを怠らず、やる気があり信頼できる板長、仲居を本町高砂屋に置き、いつも長男の指導に力を注ぐため本町にくらした。一方、花園町高砂屋は半ば人任せの形のお店となっていた。三男浩三はもともと親の商売にあまり乗り気ではなく、山林学校で学んだことを将来に活かそうとしていた。折しも長野県は明治三四（一九〇一）年に信濃山林会ができ、林業技術者の養成に力を入れていた。

ここで、四方を山々に囲まれた信州の林業の歴史にも少しばかり触れておきたい。

今でこそ、カラマツ林がこの高原の避暑地に似合うが、明治中期以降に佐久盆地のニホンカラマツ、あるいはシンシュウカラマツと呼ばれる天然カラマツを植林し、人工的に拡大をしてきたものである。もともと浅間山麓の自然植生は栗の木の深い森が続き、広葉樹林帯のミズナラ、シラカンバ、トチノキ、イタヤカエデなどがみられ、今とは全く異なる風景であった。

このカラマツは明治中期から広くヨーロッパにも移出され、ドイツ、イギリス、オランダ、フランス、カナダ、さらにアメリカにも植えられ、世界へ一大植林ブームを起こしたのである。

寒冷地に適したカラマツは寒さに強く、火山灰地の乾燥にもよく耐え、しかも成長が速い。そのため、カラマツは戦前から、土木資材・建築などのため沢山植林された。スギやヒノキとことなり、苗木では育たなかったが、望月町（佐久市）の松本谷吉と清水清吉が天然カラマツの実から苗木を育てることに成功し、後継者らが佐久一円に広めていった。

この事業を支えた地元の林業技術者は木曽山林高校の卒業生たちでもあった。この学校は地元の林業の振興を図るため、技術者を養成することを目的に、明治三四年に官費で設立されている。山林学校の学生は公費で学ぶことができ、卒業後は営林署、森林組合、県や市町村の役場で働いた。山林学校の五〇人の定員には全国から学生が集まり、県内はもとより熊本、石川、岐阜、愛知、朝鮮、ブラジルからも入学者があり、木曽福島町で三年間の寮生活を経て、自立した林業技術者をめざしていた。

浩三は、地元佐久に戻り岩村田の営林署に勤務し、カラマツ苗の苗圃の仕事についていた。当初、勤務の現場であった川上村は千曲川の源流に位置し、ここ佐久盆地より、はるか高地の為、冬の寒さは比べものにならない寒冷地であった。カラマツ苗の増産とともに、近郊の森林組合への指導に浅間山麓をはじめ佐久高原の山々を走り廻った。

第四章　中山道幹線鉄道計画と村々の盛衰

鉄道計画ルートの変更

明治新政府は明治二年一一月、東京と京都を結ぶ幹線鉄道を旧街道に沿って建設する計画を立てていた。東海道と中山道のどちらを先にすべきかで議論が対立した。明治四年には佐藤与之助が両道を調査した結果、東海道は軍艦の攻撃を受けやすいという国防上の理由から、中山道を先に敷設する報告書を提出した。翌年には、政府はイギリス人リチャード・ビィッカース・ボイルを招き中山道について実地測量を行わせていた。その後の明治八年の報告書では、中山道は高崎を起点として横川から入山峠を越えて岩村田に達して旧中山道に沿って敷設する計画であった。このときの鉄道計画は東京・京都間は中山道に沿って計画され、途中の分岐点の追分からは北国街道を北に千曲川に沿って新潟に向かう幹線が計画されていた。東海道の路線は計画されていなかった。しかし、明治九年頃に、国内政治情勢が緊迫し、西南戦争などがあり軍事費支出のため鉄道幹線計画は中断を余儀なくされた。

政府は明治一六年に、再び中山道鉄道建設に着手し、東西両端から起工することにした。翌年には大蔵省が中山道鉄道公債を発行し、工事の促進をはかった。高崎・横川間は明治一七年一〇月に着工、翌年一〇月上野から横川までが開通している。このとき、鉄道が開通すると追分の旅籠油屋と長野の西北馬車会社は横川発、上野駅行きの汽車時刻に間に合うように、追分から一日四回の乗合馬車を運行させている。

一方、政府は鉄道建設とともに江戸末期から主力輸出品だった生糸製品の産業振興をはかるため、明治三年、政府の調査を依頼されたフランス技術者ポール・ブリューナ、初代工場長となる尾高惇忠が製糸場の適地を探すため埼玉、群馬、長野の視察調査を始めた。官制の製糸工場が富岡に選定された理由は「The Engineer」（vol.43　一八七七年）に記されている。その一つは、「附近一帯が旺盛なる養蚕地で、優良な原料繭を得ることと、妙義山より水源を発する清冽な浄水を引くことが出來、且脚下に鏑川の清流をも控へてゐるので何時も喞筒《そくとう》を用いて汲上げ得べく旁《ぼう》々水の豊富なることに着眼したものと思われる。而《しか》して此の地は戸数六二〇、人口二一一五人に過ぎない小市街ではあるが、山水明媚、製絲業に好適な地位を占めてゐることにあったといわれている」（土木学会誌、二〇〇六年三月号）。製糸工場は鏑川と妙義山より発する支川高田川の水を豊富に使ったのである。また、選定の大きな理由の一つには東京・横浜へ直結する鉄道が敷設しやすい地理的条件にあり、かつ、妙義山周辺では泥炭ではあったが石炭が手に入ることも選定理由の一つとなっている。ここでも鉄道建設と製糸産業とが深く関係していることがわかる。

さて、製糸工業はフランスの技術者の指導を受けていたが、鉄道施設についてはイギリスの指導を受け進められた。リチャード・ビィッカース・ボイルは改めて政府から東海道と中山道のどちらを選ぶべきか諮問されていた。技師長の鉄道路線計画は、中山道あるいは本州の内陸の中央を通る路線に決定していた。

その理由は、次のようであった。「本州の内陸の中央

中山道幹線鉄道計画（明治八年）

を通る鉄道が開通すれば、大きな都市を互いに結び付けることになる。候補となる鉄道路線は少なく、地域が未整備であるという点で、東京〜京都間だけの鉄道によるコミュニケーション実現は困難であるが、東京と京都から、および日本海と太平洋側から本州の内陸の中央へのアクセスの利便性を与える。これらの都市間で利益を求める競争があっても、鉄道によるコミュニケーションによって、東京と京都、および日本海と太平洋側からのアクセスを可能にし、内陸部の資源開発の効果という観点で、明治政府の利益となるに違いない」。明治一六年には中山道を通過する鉄道路線を計画している（土木学会誌、二〇〇六年三月号）。この路線は中山道の岩村田、塩名田から千曲川を渡り小諸、大屋、鹿教湯、保福寺、松本、塩尻、木曽へつづく幹線計画であった。

しかしながら、中山道幹線は、建設上の財政の困難さから途中で建設が断念され、幹線計画は実現することなく終わっている。当時、鉄道建設は資材の運搬には海上輸送を使うのが定石だった。政府は当初、上越地方、善光寺平方面の鉄道建設は株式会社設立による信越鉄道を計画していた。しかし、建設の重要性から途中から官設にする方針に変更し、中山道鉄道の資材運搬線と位置づけ直江津線の施設を進めることになった。信越線は直江津から長野を経て中間の上田までの建設をすすめ、東西方向の工事を進めていった。このため松代、飯山、新潟方面への千曲川右岸の中山道幹線鉄道も予定線路に終わっている。信越本線の敷設の始まりは中山道幹線鉄道の資材運搬のための仮の鉄道として始められたのである。

鉄道施設はかならずしも順調にいくことはなかった。鉄道駅ができると街道の駅・宿はさびれる。蒸気機関車からの黒い排煙は桑の生育、健康被害になる。鉄道の盛土が農業用水の疎通を妨げる。千曲川増水による水害の危険もあるなどの理由から反対運動もあり、計画通りにいくところは少なかった。中山道幹線鉄道は東西両端から進め、いよいよ中部山岳地帯の工事に取り掛かることになる。この山岳地帯は当初の予想以上に地形が急峻で、盛土、切土の量が多く、その上、長いトンネル掘削が必要であった。工事は天災による工事の遅れを除いて七年から八年は予想された。さらに、線路は急こう配が続き、列車運転からも経費、列車速度の上からも良い結果は得られず中山道幹線のマイナス面が明らかになった。東西、両京を結ぶ幹線は東海道と比較すると建設費、技術的難度、運転、保守管理面からも東海道が有意であることが明らかとなった。当時の鉄道省井上勝長官は伊藤博文総理大臣に幹線鉄道計画変更を上申している。この結果、明治一九（一八八七）年七月、幹線変更が公布された。この時すでに、高崎・横川間は開通していたが、横川・軽井沢間のルートは選定中であった。こうして中山道鉄道計画は廃止と決まり、中山道筋の佐久地域から松本・塩尻・木曽方面への幹線鉄道計画は立ち消えとなった。直江津から進められた信越線は明治二一（一八八八）年一二月に軽井沢まで開通した。

一方、東京方面からは明治一八年一〇月に横川まで開通していた鉄道は、横川と軽井沢間の工事を残すことになった。この間は明治二一年から長野・群馬両県の中馬会社が共同出資した碓氷馬車鉄道会社によって連絡していた。碓氷峠の登りに二時間半も要していた。直線にして八・五キロの山路であるが、険しい山々が入り組み標高差五五三メートルもあった。そのため鉄道はどのコースにするのか三つのルート案が検討された。その結果、国道沿いの中尾線にドイツ山岳鐵道のアプト式軌道を導入することになり、明治二四年三月に軽井沢側から着手していった。本間英一郎土木技師の指導のもとトンネル二六箇所、橋梁一八箇所を建設し、明治二六（一八九三）年四月に全線の開通がなされた。このトンネルは現在の新幹線になってから使われていないが、碓氷第三橋梁などの一連の橋梁、隧道などは一九九三年から翌年にかけて近代化遺産として国の重要文化財に指定されている。

ところで、明治の頃、小学唱歌「紅葉」に唄われた舞台はこの碓氷峠であった。軽井沢・横川駅間の熊ノ平駅周辺の山々は高野辰之が東京と郷里の信州を往復し、車窓から目にした。その光景をもとにこの詞をつくったと言われている。陸蒸気はアプト式鉄道をゆっくり走り、旅人は山麓の楓や蔦の裾模様の錦絵を堪能したことであろう。今は北陸新幹線のトンネルの中、この自然美は想像の中にしか見られない。

佐久鉄道と地域の変貌

佐久鉄道は、今はＪＲ小海線であり、かつての信越本線（現・しなの鉄道）小諸駅から中央本線山梨県小淵沢駅七八・九キロの国鉄線で日本では一番標高の高い野辺山駅一三四五メートルのある高原鉄道である。前身の佐久鉄道時代を含むと一一〇年近い歴史をもっている。この日本で一番海から遠い内陸にあって、山岳地帯の鉄路を完成させるまでには幾多の困難な歴史があった。

大正三（一九一四）年五月、佐久鉄道株式会社が地元の産業経済人によって設立された。佐久平の金融、製糸、酒造、石材、資産家と政治家によって進められた。計画では第一期工事が小諸・中込、第二期工事が中込・羽黒下、第三期が羽黒下・小海として建設していった。最終的には八ヶ岳山麓の最も標高が高く、千曲川源流の渓谷を走り、さらに、寒冷地を走らせるため霜柱による路床の浮きあがり防止対策などの難工事を行い、昭和一〇

（一九三五）年、小諸・小淵沢間が全線開通している。

この建設ブームの背景には、明治末期から大正にかけて、明治二一（一八八八）年一二月に直江津と軽井沢間の官営の鉄道が開設し、当時、佐久地方には長野方面から小諸、御代田、軽井沢の三駅が開業した。佐久平の住民は長野方面に行くまでには、この鉄道を利用する必要があり、村から徒歩か、当時の馬車に乗って遠い道のりをこれらの駅に出るしかなかった。県会議長をした製糸業社長の大井富太は長野市の県会に出席するために、平賀村（佐久市）から小諸まで人力車を飛ばすのが常だったという。鉄道に乗り換えるたびに近代交通の威力に驚くばかりであった。

また、佐久地方では、水力発電所のブームとともに森林開発も期待されていた。長野電灯社が岩村田に支社を出し、大正元年に、小海村に八那池発電所を完成させ、さらに、東京電灯が大正八（一九一九）年には同村に土村発電所を竣工させ、一般家庭にも電気が普及していった。周辺の鉄道建設は、大正四（一九一五）年七月、草津軽便鉄道（デキ一二形アメリカ製）が新軽井沢から小瀬温泉まで開通し、続いて大正一二（一九二三）年一一月、群馬県嬬恋まで延伸している。大正一五（一九二六）年には草津温泉まで全線開通した。しかし、戦後の昭和二六（一九五一）年には存廃問題が起こり東急の経営に移ったが、昭和三七年に営業を停止し、バス運行となった。旧軽交差点から旧三笠ホテル方面に向かってカラマツの木立が続く道は線路の跡の面影はもう見られない。また、信越線田中駅と中央線茅野駅を結ぶ佐久諏訪電気鉄道、小諸から千曲川西岸の布引電鉄など計画が具体化されていった。佐久諏訪電気鉄道は実現することはなかったが、布引電鉄は昭和元年（一九二六年）に小諸・島川原（東御市）間が開通している。しかし、昭和一〇（一九三五）年には赤字路線となり倒産した。

佐久鉄道は佐久人の経済界のみならず近代化のシンボルの蒸気機関車は地域の人々の憧れの的であり、かつて岩村田、塩名田が中山道幹線鉄道の計画を反対したことが悔やまれる。佐久人はその挽回を果たさなければならない。発起人の一人に岩村田の資産家で県議の阿部四之助がいた。県会には請願書を出し、土木交通研究会を組織して両佐久縦貫鉄道網の敷設計画を作り進めていった。大正三年には株主八〇三名、資本金二五万円、大井富太を社長に佐久鉄道株式会社を設立した。会社は佐久郡の補助金や停車場敷設地の寄付を受け、中込村に本社を建設し、急ピッチで工事を進めた。大正三（一九一四）年一二月起工式を行い、中込駅までは翌年七月末に完成している。開通は大正四（一九一五）年八月に始まったが当初の中込駅周辺は一軒も人家はなく、周辺は稲田だけであった。駅の南側に佐久鉄道の本社が建てられると、旅館業、運送、銀行、石材店、木材業、商店が次々に開店し、一大繁華街となった。それまで、寂しかった中込村はその四年後に、町制を敷くまでになる。鉄道がもたらす地域の隆盛は驚くべき発展をもたらした。開通式の祝賀列車は力石県知事をはじめ地方の政財界人を乗せて、午前九時四五分に小諸駅を発車し、佐久平に初めて汽笛がとどろいた。祝賀会場となった中込駅は列車を一目見ようと群集で埋め尽くされ、駅前広場は大園遊会が開催されていた。

列車は、英国ダブス社製のタンク車で、六両編成のC型蒸気機関車である。列車は時速二〇～二五キロであったが、自転車より速く、小諸までの所要時間は四五分、一日一〇往復走った。運賃は小諸・岩村田間は一二銭、中込まで一九銭、特等はそれぞれ一八銭、二九銭であった。開業当初の営業成績はよく、一日平均一四〇〇人の利用客があり、地方鉄道では全国有数の黒字線となった。利用者は物珍しさとともに車窓から見る佐久の景色の美しさにまた特別のものを感じたことだろう。昭和八年には国鉄小海線となった。

千曲川を挟んで中込村とは対岸の西側には野沢町（佐久市）、さらに南に臼田町（佐久市）があった。こちらの住民は当初の佐久鉄道の西岸ルートに反対していたため、鉄道の恩恵を身近に受けることはできなかった。千曲川東岸に位置する中込は当初の鉄道路線計画にはなかったが、新興の街として駅を中心に発展し、千曲川右岸に沿って北西に続く古くからの下中込村とやがて一体になり発展した。

この本の第七章で述べているように、岩村田花園町の高砂屋一家で、最後に残された次男の家族は、戦後この中込町（佐久市）で生涯を過ごすことになる。

元来、中込は新しいものを受け入れていく気風があった。すでに明治八年、一寒村の下中込村は、県下で最初の洋風建築の中込学校を設立している。村民は「御一新」の世に学問・教育の重要さを痛感し、近代的学校開設への意欲に燃えた。京都本願寺の棟梁水口若狭守の弟子であった同村の市川代次郎は、地元の野沢の名工小林源蔵が東京築地西本願寺修復の棟梁に推挙されると、脇棟梁として関わっていた。しかし、棟梁が急死したため代わって完成させた。そのときアメリカ人ケルモルトに見込まれ、雇われて明治二年に渡米した。渡米五年、アメリカで建築を学んで帰国し、設計建築に携わった。この学校は江戸時代に寺子屋だった小林寺の成知学校を母体とし、村民の自費と篤志家の支援によって完成している。

建物の太鼓楼の天井には、世界の諸都市の地名と方位が示されており、時を告げる太鼓がある。バルコニー、ステンドガラスで飾られた中込学校は近隣の村民の目を引き、ギヤマン学校と呼ばれ、県下で初めての洋風建築学校は見学が相次いだ。昭和四四（一九六九）年に国の重要文化財となっている。現在は中込小学校は西隣の新校舎に移り、一四四年の歴史を持ち県下では最も古い洋風建築学校となっている。

それに対して岩村田は佐久地方の諸官庁が置かれたため中込とは異なる発展をたどった。千助は町の資産家、役人との付き合いも深くなり、高砂屋の繁盛も佐久鉄道の恩恵を受けることを期待して、佐久鉄道の資本の一部に投資し、株券を大量に八〇〇株を購入している。これは地方経済とはいえ、大正ロマンと昭和初期の景気のよいことを反映し、その効果は期待したものがあった。しかし、ハイカラブームの大正時代もやがて翳りをみせ、昭和四（一九二九）年の世界大恐慌がすぐそこまで来て

中込学校（明治八年）「佐久市教育委員会」

いることには気が付かない千助一家と高砂屋であった。

二つの高砂屋と遊廓街

すでに述べてきたように、高砂屋は追分の旅籠の集団移転が済んだ後に、明治中期には岩村田にほぼ移転している。花園町の高砂屋は当初は蕎麦屋であったが、直ぐに料亭・高砂屋に商売を拡大している。岩村田町が最も華やかに繁栄していた時代、花園町は町名を変更するくらい街は変貌していった。なんといっても城下町の雰囲気を持ちながらも、「東京にあるものはここにあり」といえるほどの賑わいぶりであった。競馬場、ボート場、演劇場の岩盛館、そして、岩村田遊廓は中山道一と言われる追分の芸妓をそのまま連れてきていることから、県内はもとより、近隣の甲州、上州からも江戸時代の名残香を惜しむ常連客がいる。旅館、ホテル、料亭はもちろん、鼻顔稲荷神社の縁日は、東京や横浜からの養蚕業の問屋だけでなく、近在農家の人々まで加わる賑わいぶりであった。

商業活動の変化は当時の税金からわかる。明治一五（一八八二）年の県税営業税、雑種税について、その町村ごとの営業規模の総体を基準とした等級で分けている。これによると明治二三（一八九〇）年から大正一一（一九二二）年まで等級が七等級から四等級と最も高かったのは、明治初期からの商業集積地の岩村田であった。次に、野沢が一一等級から三等級と上がり、大正四（一九一五）年には、佐久鉄道の本社が置かれた中込が次第に等級を上げて一二等級から三等級に発展している。

長男百助は父千助に鍛えられ、商売に精を出し繁盛したが、本町高砂屋を任される以前は、父が始めた花園町高砂屋の支店で働いていた。千助は商売仲間の寄合、句会の仲間と付き合いも多くなり、料理長に任せきりで内業はほとんど関わることがなくなっていった。長男百助は追分村で育ち、本町には知り合いも少なく、この古くからの街になじまないものを感じていた。近代化の明治になって鉄道建設が進み、衰退した追分と同じ中山道の宿場であったが、岩村田の街の華やかさや風習、今の繁栄に何か極端なずれを感じながら、高砂屋支店の仕事にも満足できないまま過ごしていた。今までの追分時代のランプやローソクの時代ではなく、大正時代には電気のある生活、営業へと進歩していたのである。親父の旺盛な活動、社交力とその奮闘ぶりをみてただ従っていくしかなかった。

しかし、そんな百助は文久生まれの父千助とは異なり時代の方向を見定め、子供たちには、これからの世は学問を身に着けさせることが必要と考えていた。そんな理由から子供達には、料亭は手伝わせないようにして、長男、次男、三男とも東信濃の佐久地方で明治三四（一九〇一）年に初めて設立された旧制野沢中学に入学させた。やがて彼らは旧制高等学校、旧帝大、旧高等工業などに進み医師、工学士となり都会で生活することになる。二人の姉妹も嫁ぎ、本町高砂屋は商売を引き継ぐものは後にも現れなかった。

一方、花園町高砂屋は遊廓街に近いこともあり、商売は軌道にのっていた。千助は営林署に勤務していた三男の浩三に花園町の店を継がせたいと考えるようになっていた。やがて、千助は花園町の店に力を入れ、自らも花園町に別棟をつくり浩三たちのそばで生活するようになっていった。父千助は浩三の結婚を機に花園町高砂屋を分家として認め、隠居した六五歳からは、こちらで生活した。大正三年には浩三がとくと結婚すると、千助は花園町高砂屋に料理人、賄い人も雇い、浩三と妻のとくにも商売の心得を伝授し、名実ともに本腰を入れた。千助の歌が短冊に残されている。

大刀鍛冶の　沐浴したり　秋の水　（噐水）

鍛冶屋職人は燃える鋼の熱風で熱く、秋に水を使っても湯あみができるほどである。この歌の深い意味はくみ取れないが、花園町の高砂屋は順調に商売が動き始めていた様子を窺うことができる。また、千助の俳句は、高砂屋の高揚期の明治二八年三月、願主中山寛治を筆頭に二四名の相生吟社の句会仲間の一人として鼻顔稲荷神社に発句が奉納されている。

いとおしや　伸びくも去りし　極むなき　（噐水）

一方、自由民権の運動が高まる中、県下ではキリスト教の信者から廃娼運動が激しく行われていた。長野、松本などにも遊廓があり、佐久地方では、中山道追分宿の衰退から旅籠が移転してきた岩村田の貸座敷（遊廓）があったため、地元の前山村（佐久市）出身の県会議員早川権弥は廃娼の建議案を提出した。これをこの地域の東信友誼会、東信青年会、佐久自由倶楽部のメンバーが支援したが、建議案は大差で否決されている。

それから一〇年後の明治三一年には、岩村田遊廓の貸座敷の娼妓は九七人と最高に達し、以降は五〇～六〇人と変動したが、大正期まではほぼ軒数も変わらず推移した。娼妓の出身地は群馬、東京、茨城、新潟、山梨、長野などであり、遠方は関西、四国の出身者もいた。

また、遊廓内の娼妓だけではなく、料理屋、飲食店の増加に伴い、市街地では料席、宴会などを取り持ち、唄や三味線、舞踏などで楽しませる芸妓を雇う芸妓置屋が増えていた。周辺の野沢町でも芸妓置屋株式会社が資本金一五、〇〇〇円で設立し、置屋一三軒に達した。しかし、このようなサービス産業は社会の好不況に左右され、繁栄も一時のものでしかなく、昭和恐慌に入ってからは次第に衰退していった。

他方、このような花柳界にも、著名な歌人たちもこの町を訪れている。大正期の佐久歌壇は若山牧水との関係が深く、何度も岩村田を訪れ、県下では最初のホテルでもある佐久ホテルにも宿泊し、湯川、鼻顔稲荷神社、城址を歩いて歌にしている。この宿（ホテル）は江戸時代には、一茶、葛飾北斎が泊り、以下の歌をこの地で詠んでいる。大正八年には牧水を師とした地元の白閃会同人の市川白露らが「信濃歌選」を刊行している。戦中では佐藤春夫が湯川の上流、平根村の「聴雪の家」に疎開し、地域の文人とも交流し、暮らした。

朝霧や浅間の煙　膳をはう　　一茶

白玉の歯にしみとほる秋の夜の　酒は静かに飲むべかりけり　　若山牧水

第二部 大戦下を生き抜く

南方軍三六二九部隊鈴木隊の戦歴跡
(三男の日記より)

第五章　大戦の時代と高砂屋

明治からの大戦の歴史

江戸から明治へ。新しい時代を予感した藤村は小説の中で江戸の末期の慌ただしい動きを「夜明け前」と命名した。「御一新」から飛び出した急激な近代化は、薩摩、長州連合の強力な西欧文明の模倣によって完成させられていった。封建制度からの脱却とはいえ、尊皇攘夷、倒幕運動によるなんと多くの犠牲を伴った戦いを続けたことだろう。江戸幕府は勝海舟のような人材がいて、長崎造船所の建設に見られたように、近代化の準備はすでに夜明け前から始まっていた。慶応三年に大政奉還があり徳川幕府が終焉したにも拘らず、翌年の明治元年一月から、鳥羽伏見の戦いが始まった。この戦いで長州・官軍の岩倉らが密かに造ったと言われる偽りの「錦の御旗」が掲げられていなければ、その後の戊辰戦争を避けることができたとも歴史家はいう。その後は穏やかな西洋化、近代化に移行していたのかもしれない。

追分宿茶屋の二平は江戸から維新の時代の急激な変化を見て、大きな不安にさらされてきた。その不安は、その後の追分宿の衰退として目の当りにしてきた。千助はまた、父二平を支えながら、今度はあらたな同じ街道筋の古い街で、このまま繁栄がつづくのか一抹の不安を持ちながら、妻かんとともに高砂屋を再興して守ってここまできた。

明治政府は近代化のスタイルをドイツから学び、議会制度を作ったが、一般の平民は政府が何をやっているのか、なにをこれからやろうとしているのか、知る由もなかった。明治時代は国会、議会、政治はどのようなものになっていたのか見なければならない。また、西洋化、近代化の裏面にも目を向け近世末期から現代を俯瞰することによって、高砂屋の盛衰を時代の背景から浮き彫りにすることができるかもしれない。明治からの大戦の時代を、戦争の歴史の視点から資料をもとに詳しく見てみよう。

第一回の帝国議会は明治二三（一八九〇）年に開催している。明治政府は貴族院と衆議院から構成されていた。貴族院は成年以上の皇族、公爵、侯爵から三八名、伯爵、子爵、男爵の互選議員一〇五名で構成された。さらに衆議院は、各県一五名の多額納税者からの選出議員四五名に、勅撰議員（内閣の指名で天皇の任命）六〇人による構成であった。この当選者は地主や実業家で納税額は平均一五〇〇〇円だった。

また、衆議院の議員選挙権は、直接国税（地租など）を一五円以上納めている二五歳以上の男子のみ、有権者総数は四〇〇〇万人の国民のわずか四五万人程度であり、一〇〇人に一・一人という極端な制限選挙で、しかも投票人は自分の住所氏名を明記し、その下に実印を押すという投票方式であった。初期の衆議院は地主議会であった。この当時の代議士は、その三分の一が一〇町以上の土地を持つ寄生地主であった。

江戸時代なら本陣・庄屋を通じて高札所に張り出されるお触書の掲示を見ることができたが、今は世の動きや政治を知ろうとすると、町役場からの知らせか、有力者からの情報しかなかった。当初、新聞は極めて限られた階層の人の読みものであった。明治四一年には「信濃佐久新聞」が岩村田で創刊されるようになり、月六回発行し、年間定期購読料は一円五〇銭で読めるようになった。地域の情報でしかなかったが、それでも板垣退助らの自由民権運動の成果ともいえる。

とにかく、政治の表舞台の主役に躍り出た薩長連合を中心に、藩閥政治が作られた。明治一八（一八八五）年の第一次伊藤博文内閣の大臣の出身は長州藩四人、薩摩藩四人、土佐藩一名、幕臣は榎本武揚一名という布陣であった。かつて攘夷を叫んでいたものたちが富国強兵策をとり、自ら朝鮮半島、中国大陸へ進出し、西洋列強の植民地支配の仲間となり、戦争の時代に突入していった。

まず、明治二七（一八九四）年七月から二八年三月にかけての日清戦争は、主に朝鮮半島をめぐる大清国との戦争であった。日本は下関条約で清国から遼東半島、台湾・澎湖諸島など付属諸島嶼の主権を割譲させた。その一〇年後、明治三七（一九〇四）年二月には、ロシア帝国との間で朝鮮半島とロシア主権下の満洲南部と日本海を主戦場とした日露戦争が起こった。両国はアメリカ合衆国の仲介の下で終戦交渉に臨み、翌年九月五日に締結されたポーツマス条約により講和した。講和の結果、ロシア領の南樺太は日本領となり樺太庁が設置され、ロシアの租借地があった満州南部の関東州については日本が租借権を得て、関東都督府が設置された。

戦争に勝利したとはいえ、つねに大きな犠牲者なくして勝利はなかった。日清戦争は動員兵力二四万六〇〇〇人余で、うち、一七万四〇〇〇人余が戦場で戦った。それ以外に日本人軍夫一五万四〇〇〇人が集められ、弾薬・物資輸送の兵站を担い、軍人だけではなく、車夫・人夫が武装して闘った。合計三九万五〇〇〇人がこの戦いに参加している。日清戦争の戦死者一万三三〇九人うち病死一万一八九四人であった。また、日露戦争は一〇〇万人を動員した戦争であった。戦死者は約一一万八〇〇〇人（服役免除含む）、戦傷者一四万三〇〇〇人であり、どちらとも戦いの犠牲者の死因は、赤痢、コレラによるものが多かったという。日本国民は勝利を絶対化し、全国の街では提灯行列で祝い、国家を強く意識することになった。この明治の二つの大戦で、高砂屋の家族から徴用され戦争に行ったものはなかった。

ところで日露戦争まではまだ近代戦争とは言えず、大陸の戦いで人馬の重要性を知らされた。明治政府は日本馬の劣弱を知り、馬の改良増殖を図ることになった。明治三九（一九〇六）年に馬政局を設置し、国内九箇所に国立種馬所を設立した。その一つ長野種馬所は岩村田町・平賀村・三井村の一三九町歩余の広大な敷地に官舎、畜舎を竣工した。平安の昔から駒の産地でもあった佐久地方は馬産改良のメッカになっていった。騎乗型佐久馬を生産し、軍馬の需要に応じることになった。後に語られるように第二次大戦末期には長野県は最後の拠点として重要軍事施設の疎開が始まり、松代町（現・長野市）に大本営を置き、その前線基地として陸軍士官学校の本部が望月町（現・佐久市）に移された。この長野種馬所には海軍が移住し、学徒、職員、住民を動員し、飛行場の構築を進め、糧秣廠・被服廠関係の資材も疎開させ、地元民は隠匿する壕の構築に駆り立てられた。

明治政府は明治六（一八七三）年には徴兵令を発し、全国を六軍管区に編成していた。しかし、相続者、官吏、官公立生徒、代人料二七〇円を支払うものは兵役を免除された。その後の西南戦争や近衛兵の反乱で兵役のがれの風潮が高まり、明治一二年、一六年、二二年に三回の制度改正を行い、国民皆兵制が確立した。長野県の徴兵忌避数、忌避率は高く、明治一五年二七六人（三・六パーセント）、同一九年五九六人（五・六パーセント）、同二二年七六五人（八・二パーセント）であった。政府は戦争の事実と情報を国民の目から隠し、国民にまともな判断をさせたくなかったという。日本の近代国家の体質はその後も明治の帝国憲法のもと第二次世界大戦まで続いた。

明治政府は近代化と二つの大戦に勝利し、天皇制による支配体制は盤石なものとなった。そして、日露戦争の終結から九年後には第一次世界大戦（一九一四―一九一八）に参戦し、イギリス、フランス、ロシアの連合国側に加わりドイツ・オーストリア同盟と戦い、ドイツの拠点であった山東省の青島や南洋諸島を占領している。

その後、昭和六（一九三一）年九月に日本が柳条湖事件を起こし満州事変が始まり、さらに中国に進出していったが、この歴史は日清・日露戦争の延長にあったといってよいだろう。特に、日露戦争に勝利してロシアから引き継いだ権益である旅順・大連の租借権、南満州鉄道の権益（九九ケ年の要求）を守るため、中国での勢力拡大に政府は動き出している。大正四（一九一五）年、大隈重信内閣は中国の袁世凱政府に二一ケ条の要求を突き付け、上記の他にも鉄道・鉱山の権益を認めさせている。とにかく、経済的には明治末期から慢性的な財政危機にあったが、第一次世界大戦をきっかけに空前の好況に沸いた。日本は被害を受けずに中国市場をほとんど独占した。大隈の二一ケ条は中国の主権を無視したもので、その後の満州事変として続くことになる。

その第一次世界大戦の最中にロシアでは大正六（一九一七）年に社会主義国家が樹立し、新政府であるソビエト連邦がドイツと単独講和を結んで連合国から離脱した。連合国はチェコスロバキアを救出するためシベリアに出兵し、事実上の内政干渉を行った。日本も一九一八年に連合国の要請に応じて、北満州、沿海州、シベリアに出兵した。日本は黒竜江の河口を占拠していたが、革命軍パルチザンと戦い一〇億円の戦費を使い、三〇〇〇人以上の戦死者を出している。この大戦は兵力の総動員は六五〇〇万人、戦死者一八〇〇万人、戦費一八六〇億ドルに及んでいる。このとき、ドイツ帝国とオーストリア・ハプスブルク王朝が崩壊している。

好景気時代から急落へ

日清・日露の二つの大戦に勝利し、第一次世界大戦を経ながらも、世界恐慌のころまでは大正デモクラシーや経済的発展もあり、平和で安定した時代が訪れたようにみえる。

現代日本経済史の原朗によると、世界大戦前後の日本は「大戦景気」の時代に入り一時、株価が大暴落し不景気に陥ったが、第一次世界大戦の始まった一九一五年頃から株価の回復とともに猛烈な好景気を迎えたという。貿易収支の受取超過額は一三億円に達し、海運業がその四分の三を占めたとある。造船業に支えられ、鉄鋼業、化学工業、電力業、紡績・製糸業、製糖・製粉業などの分野は急速に利益を上げていった。「船成金」「株成金」の時代だったという。三井、三菱の大財閥はもちろん、中小企業でも利益を上げた。その一つである貿易会社の鈴木商店は、当時のスエズ運河を通過する船の一割を所有したといわれた。樟脳油の販売権を取り扱った台湾貿易により急速に伸びたのであった。また、農業から工業への人口移動も大きくなり、工業地帯が形成されている。大戦前、一一億円の債務国だったが、大戦後は二七億円の債権国に転じた。

日本が好景気に沸く中で、地方の人々もその利益のお零れを受けた。振り返れば、高砂屋は明治の急速な鉄道建設の近代化の陰で、街道の賑わいがなくなった追分宿から岩村田町への移転を余儀なくされたが、この好景気によって商売の先が見えなかった不安が次第に消えていった。佐久鉄道はまだ敷設されていなかったが、岩村田は明治四〇年には同業の料理屋は九軒を数え、人口は、近在の町村の中でも最も多くなった。明治四三年には七三九二人、昭和一〇年には八五〇八人と最も増加していった。好景気の中で高砂屋も繁盛していった。

千助は以前から林務の仕事についていた三男の浩三と妻とくに、やがて花園町の高砂屋を引き継がせることを決心していた。隠居するころにはすっかり句会の仲間との時間を持てるようになった。近在の別所温泉や湯田中温泉へ、時には草津方面に出かけられるほど余裕ができた。また、鼻顔稲荷神社の縁日、祇園祭には孫たちと過ごす時間もできた。先代の二平の片腕となって追分の高砂屋から岩村田の高砂屋を妻かんとともに立ち上げて苦労した過去を振り返ることが多くなった。大正八年に先祖の眠る泉洞寺が本堂の屋根ふき替え行事の際には、工事世話人名一五名の棟札に連名し、寄進する余裕もあった。

浩三は、しばらくは営林署でスギ、カラマツの苗を育てる苗圃の仕事に専念していたが、父千助の繭取引仲間の縁から大正五年に妻とくと二四歳で結婚した。とくは将来、浩三は営林署の署長になる人だと親から聞かされ平賀村から嫁いできた。千助が軌道に乗せた店は使用人も一時は八人ほど雇い、うち調理の職人を一人専属に置くなど力を入れた。やがて、浩三は家督をすべて譲り受けるころには、役所のカラマツ苗の植林の仕事を辞めることになった。自らも商売の大黒柱になる道へとすすむことになった。妻とくは、義父・義母かんの指示を受けながら料理屋の女将として成長していった。夫婦には、上から男兄弟が三人、姉妹が二人の五人の子供が大正五年から一三年の間に生まれている。しかし、男子・二歳違いの子供たちの十分な養育には余裕なく、つらいこともあった。すでに佐久鉄道は開業していたので、妻とくの実家の平賀村には、鉄道を使って子供たちを親元に預けることもできた。三番目の子供が生まれたころは、あまりにも大変で二歳になった次男を母の実家の農家に預け世話をしてもらっていた。しかし、祖父母の畑仕事の留守の間に囲炉裏炬燵に足を落として大やけどをさせ、アキレス腱を麻痺させてしまった。その後の治療でも麻痺状態となり軽度であったが、後遺症を残してしまった。

　秋祭りや収穫後の新嘗祭（戦後は勤労感謝の日）、恵比寿講、正月の店の賑わいで大忙しのときでも、子供に乳を与えている余裕はなかった。それでも少しの時間を惜しんで居間の奥で子供に乳を与え、あやしていると、「いつまで子供に上げているのかい？」と姑のかんのきつい声が廊下から聞こえてくるのであった。

店は父千助が交誼にしていた町長や有力者、句会仲間をはじめ、夫の前職の営林署の林業仲間がよく利用してくれることもあり、木材の好景気、繭相場が高く売れた頃には、遊廓街の花街の一角は好景気の中にあった。なかには、宴会に紛れ、酔って癖の悪いいたずらをする客も少なからずいた。屏風絵、掛け軸の墨絵、歌の色紙に酒を掛けておいて、後からこれらを上手にはがして持ち去る悪質なものもいた。その後の修復には表具師に頼むことになるが、多額の修繕費がかかったと嘆いていた。

また、お客の飲食の付けは禁物だが、知り合いには断り切れずに後から代金を踏み倒されることもあった。父千助からの商売とはいえ、所詮、役人からの転職は経営の感覚は甘くなり、妻とくは心配の種だった。この飲食業の商売ほど社会の景気に敏感に作用するものはないことを強く感じていった。

世の中は商品経済が発展した。特に、この町ではサービス業の発展に繋がり演劇場、映画館、遊廓のほか、料亭、浴場、理髪業、飲食店が増えていった。その原動力

大福帳

の一つは、佐久鉄道にあった。大正四（一九一五）年八月には小諸から中込まで鉄道が開通し、その中間に岩村田駅ができた。人々は周辺の町村をはじめ、小諸、長野、東京方面まで出られるようになり地域や都会との交流が盛んになっていった。

岩村田花園町の岩盛座は活動弁士による無声映画が好評で、周辺の町人や農家の人々はこぞって足を運んだ。昭和七（一九三二）年には「大人の見る繪本・生れてはみたけれど」（小津安二郎監督）が地方でも遅れて上映されている。映画の興行は電気が普及した大正期から盛んになっていた。

花園町は湯川の川べりの街。その対岸の鼻顔稲荷神社の段丘崖から高台に立つと北から南へ旧中山道に並行して、岩村田商店街の古い店が立ち並び、新町から本町、相生町、下宿、そこから南に甲州道が続き、少し高い街並みを造っている。岩村田城のあった上ノ城には、今では小学校が見える。南には浩三が勤務していた営林署があった。中山道が西に曲がる相生町は東に今宿通があり、ここも商店街で賑わい、稲荷町、花園町につづく。夜ともなれば赤い灯が夜空に浮かぶ遊廓のあった花園町。今では遊廓の入り口を示していた石造りの門柱が立つだけで往時の面影はない。今宿は古い店があり、趣を残している街であった。西に西念寺、中央に役場、地方事務所、警察署、裁判所など役所がおかれている西本町がある。さらに、南には、西に向かう中山道に沿った岩村田高等学校、北の台地に旧岩村田高等女学校（現在、この跡地は私立佐久長聖高校）、旧北佐久農業高校がある。北に本陣でもあった龍雲寺、円満寺が並んでいる。ここから南に並行して職人の多かった荒宿が続いていた。

今でも本町、荒宿、稲荷町、花園町を中心に歴史ある祇園祭とお船祭りが続いている。この起源は古く、室町時代のはじめ、ここ大井城の城主、大井安大夫源光矩が応永五（一三九八）年、尾張の津島神社より祇園を岩村田に迎えたのが始まりで、佐久地方の最も古いまつりである。その後、文安二（一四四五）年、岩村田は人口三万人の街になったと市史にある。この頃、室町初期には茶道、華道が完成し、さらに、日本の文化の能狂言が世阿弥元清によって完成している。このように、岩村田は小規模ながら歴史的な城下町であり、民謡や唄の文化も継承された。岩村田だけでなく、どこの地方にも小さな花柳界があり、活気を帯びていた時代があった。

しかし、いつまでも好況は続かなかった。やがて農村恐慌に陥り、封建的な制度や社会に対する不満が増していった。さらに、県下ではキリスト教徒の娼妓自廃運動がおこり、県会に公娼制度制限請願書が出されていた。昭和二（一九二七）年、岩村田遊廓では冷遇に対抗して嘉女屋の娼妓がハンストを決行する事件が起きていた。昭和四年に、請願書がトラックに満載で長野県庁に持ち込まれるほどとなり、ついに県会は娼妓の自由を認める決議をしている。

しかし、第二次大戦末期、請願とはことなる趣旨から遊廓そのものが姿を消した。大戦中、昭和一五（一九四〇）年を最後に、岩村田遊廓は廃業となる。また、全国各地の花街も、昭和一九年二月に政府の「決戦非常措置要綱」で芸娼妓が軍に徴用され、営業停止となった（信濃毎日新聞第二〇七七二号）。県下の長野、松本、上田の遊廓とともに岩村田遊廓は完全に消滅したのであった。

満州事変とその後の人々

昭和四（一九二九）年のニューヨーク・ウォール街の株価の大暴落から始まった世界恐慌により、翌年にはアメリカで倒産した会社・銀行は二万件、失業者五〇〇万人に達し、最後には全銀行が休業するに至った。日本では主力産業の生糸が暴落し、五月の大霜も重なり農村は苦境に立たされた。このとき、晩秋蚕《ばんしゅうさん》は、平均値より一円八三銭も安値となり、長野県経済の七〇パーセント以上を占めていた蚕糸業は大打撃を受けた。その上、豊年凶作と呼ばれ、米価は半分の値となり暴落し、農家は赤字を累増させた。信濃銀行が支払いを停止し、預金者はもとより経済界に深刻な打撃を与え、教員給与の不払いなど、町村の自治機能も停滞していった。佐久地域は都市から失業者が還流し、大正一五（一九二六）年に比べ、八三〇〇人も人口が増加したという。わらじ履きで中山道を下る失業者があふれ、食事を乞うものが毎日姿を見せるようになった。また、大地主は成長した一方で、村の貧農は小作地を放棄し、日雇い、出稼ぎにでるものもいた。東北地方などでは農村の婦女子を娼妓・芸妓として身売りし、借金で食いつなぐものが多くいた。また、自殺や心中など世相が暗くなり、この昭和恐慌は日本の農村のくらしと経済にも大きな打撃を与え、社会は不安定な状況に転化していった。

昭和恐慌の進む中、昭和五年から七年にかけて、佐久地域は岩村田、海瀬村、本牧村の小作争議など農民運動、社会運動が各地で活発になっている。平賀村、岸野村の入会権闘争、田口村、小沼村の小作料の減免や納税差し押さえ反対闘争が起きている。それに対して治安維持法により、農民組合をはじめ県下の教員組合に対しても弾圧が加えられている。

このような社会が続き、昭和六（一九三一）年、満州事変が起こり、これまでの成長してきた社会構造が転換し、その後日本の運命を変える時代へと進んでいった。

政府と県は昭和恐慌に対して失業救済事業を「農村経済更生運動」として行った。その一つが、昭和七（一九三二）年の国道一〇号線碓氷峠の道路改修工事、昭和八（一九三三）年の千曲川に架かる長橋佐久橋の永久橋への改修、昭和一二（一九三七）年の軽井沢・沓掛間の国道舗装工事などの土木工事である。内務省が進めた農村経済更生運動は農村経済の革新を狙う事業でもあった。基本的には旧来の農村体制の維持をはかる精神主義運動で農民に負担を課することになった。中でも、この運動は、開拓・水利事業を行った御牧ケ原の農事講習所に見られるように、各地にも村塾を開設し、単に失業救済対策ではなく、農村中堅青年の育成に精神主義の教化を図り、日本精神の顕揚体得を重んじ、戦時体制を準備する修養会がもたれたといわれている。

恐慌下、政府と新聞は「満州は日本の生命線」と宣伝し、満州事変の進行と「経済更生運動」とを結合させて、満州への移民が開始されている。昭和七（一九三二）年には拓務省・信濃海外協会・産業組合の計画によって、拓務省と陸軍省による満蒙武装移民が満州に入植している。やがて、昭和一三（一九三八）年には全国で初めて大日向村（現・佐久穂町）の一八九戸が満州に入植していった。昭和一二（一九三七）年の日中戦争から満州青少年信濃村計画が立案され、義勇隊熱が昂揚し、教育界は小学校高等科修了の直後の少年まで満州に送っている。満州開拓史によれば、長野県は開拓者を送りだした都道府県の中でも最も多くの開拓団員三万一二六四人、義勇隊員六五九五人を送っている。年齢も一六歳から一九歳の男子は「鍬の戦士」として国防も兼ねて多くが旧ソ連国境近くに入植している。

このように、大正末期以来の慢性的恐慌のもとで国民生活が窮迫し、農民運動、労働運動、社会運動が活発化する中で、昭和四年に、政府は社会教育局によって教化総動員運動を盛大に展開している。この運動の目標は「国体観念明徴化・国民精神作興」と「国民生活改善・国力培養」であった。小橋文部大臣は神社参拝・国旗掲揚・虚礼廃止・禁酒禁煙などを国民に行わせ、天皇崇拝の喚起と国民の消費の抑制と倹約の推進を図ろうとした。

昭和四〜五年の国体観念の明徴を目指す「教化総動員運動」は、満州事変を契機に軍国主義化し、昭和八年の国民精神作興運動から昭和一〇年には在郷軍人会を中心とした天皇機関説排撃運動に進んでいった。日中戦争勃発から国民精神総動員運動がさらに進み、挙国一致、尽忠報国、堅忍持久を目標に社会を新しい体制に編成している。その仕組みは地域の壮年団と部落常会や町村常会の組織化を図り、興亜奉公日を設けて国民精神総動員運動が強化されていった。この日は昭和一四（一九三九）年八月八日に閣議決定され決められた。その趣旨は日本の一億同胞が戦場の労苦を偲び、生活刷新自粛自戒、国家総力を発揮する恒久実践の日、毎月八日興亜奉公日が実施され、酒不売で料理店、喫茶店なども休業、ネオン消灯、早起励行、皇大神宮参拝や勤労奉仕が全国で行われた。また、国旗掲揚・宮城遥拝・神社参拝・勤労奉仕などが行われた。食事は一汁一菜とし、児童生徒の弁当は日の丸弁当とすることが求められた。日本精神の発揚運動は献金、国債の募集などの銃後の活動にまで発展している。昭和一五（一九四〇）年にはすべての政党が解消して大政翼賛会が完成し、全体主義の高度な「国防国家」が実現していった。

この新体制の構想は近衛文麿が軽井沢山荘で練ったもので、当時の富田長野県知事が参画し、第二次近衛内閣では書記官長となっている。この一一月の長野県下、佐久の天地は皇紀二六〇〇年祝賀行事で沸き返ったという。大政翼賛会長野県支部は下部組織が、市町村支部、

岩村田球場での旧制中学生の合同演習（昭和一七年）

隣組を組織し、外郭団体として翼賛壮年団、翼賛婦人会も結成し、上意下達の全体主義国家が完成している。当時の旧制中学校に学んだ青年たちの学校教育の歴史の事実を直視しなければ、戦後、平和憲法の下で今を生きる人々は、過去を真に理解することができないだろう。

高砂屋の兄弟が学んでいた旧制岩村田中学校の「岩高六〇年誌」(昭和六〇年発行)には、戦時体制の学校現場の一端を見ることができる。まず、昭和恐慌の影響で旧制中学校の生徒数は激減した。長野県下の生徒数は昭和四年二万七七九一人であったが、昭和八年には二万四九五九人となり、一〇パーセント減少している。不況のため授業料の滞納、中途退学者も続出していた。

一方、軍事教育が軍事教練として学校授業に持ち込まれていた。この科目は日露戦争以降から始まっている。軍が体操科の内容改正を要求し、大正二(一九一三)年から軍事目的の教練を含む「学校体操授業要目」を訓令として制定している。大正一二(一九二三)年には「陸軍現役将校配属令」が勅令をもって制定され、官公私立の中学校、専門学校に、教練担当の教官として陸軍現役将校が配属されることになった。これは将来の総力戦に備えた軍事教育強化と、緊縮財政下で現役将校をそのまま温存することを意図した政策であった。

文部省の教練教授要目の訓令内容は、各個教練、部隊教練、射撃、指揮法、陣中勤務、旗信号、距離測定、測図、軍事講話、戦史その他となっている。これは毎週授業があり一〜三年生は二時間、四、五年生は三時間とし、そのほかに戦争を想定した軍事演習訓練があり、日数は、一、二年は四日間、三〜五年は五日間となっていた。配属された教官は軍の考えを学校に伝え、時局の変転に応じて、軍事教練が次第に強化されていった。優秀な若き人材を軍に送り込む狙いもあった。学校には銃器室があり、小銃は三八式歩兵銃が軍から払い下げて与えられ、当番を決めて整頓されていた。また、帯剣、背のう、外被なども保管されている。毎年一二月には松本聯隊から査閲官が来校し、軍事教練の成果を査閲したのである。

このようにすべての生活が国家統制により軍国主義化していった社会は、思考停止の軍国主義国家ということができる。この時代の青年たちが徴兵制の下、軍隊に入ることを疑問もなく受け入れていくことができたのだろうか。それは次の旧制中学校の校史から読み取ることができる。

戦後、連合軍総司令部（ＧＨＱ）の指令により戦争遂行責任者の公職追放が行われた。旧制野沢中学の創立八〇年校史（「高原の日は輝けり」昭和六三年発行）によれば、その対象者には「軍国主義的、国家主義的および侵略の主唱者、国家主義、暴力主義、秘密愛国団体の有力分子、大政翼賛会、翼賛政治会、または日本政治会の有力分子、日本の膨張に関係した金融機関ならびに開発機関の役員」などが挙げられた。これに基づき長野県下の旧制中等学校校長、高等女学校長一〇名が挙げられている。この校史によれば、追放された松岡校長の場合の理由は次のようなものであった。

「野沢中学を陸海予備校と称し、軍国主義の強化徹底に努め、軍部の学校へ全面的に強制志願せしめ表彰を受けたほか、自由意見をのべる者または、意見を異にして批判するものは非国民、あるいは国賊呼ばわりして抑制し、教育方法は体罰主義をとり、部下職員にもこれを強要し、自らも殴打を積極的にした。」松岡校長は昭和二三（一九四八）年五月に文部省から正式に長野県中学校長を罷免されている。

松岡校長のもと、学校行事も徹底した天皇制と軍国主義の姿があった。県下の各学校には奉安殿が構内に設置されていて、ここには「御真影」という天皇・皇后の写真と教育勅語がはいっている小さなお社があった。祝日に当たる四大節の四方拝一月一日、紀元節二月一一日、天長節四月二九日、明治節一一月三日には、校長以下全職員が礼服を身に着け、勲章を付けた配属将校がずらりと並び恭しく式が行われた。校長・教頭はこの奉安殿から天皇・皇后の写真と教育勅語を講堂に運び、全校生徒は東方の宮城（皇居）に向かって遥拝し、点呼と朝礼を行うことが重要な行事であった。校長が教育勅語をすべて読みあげたあと訓話を長々と話し、天皇に関する話があると「かしこくも……」「恐れ多くも……」の言葉とともに全員不動の姿勢で謹聴しなければならない。謹聴しなければ不敬にあたり殴打の罰が飛んできた。教練の教師の「瞑想！」の号令に始まり、講堂の全員が水を打ったように静かになる。生徒たちは一種の集団催眠にかけられたようになる。開会は国旗の掲揚と君が代を斉唱し、これを二回繰り返すのが慣習だった。四大節の儀式は学校という教育機構の中で、ひたすら天皇を畏敬する教育を国家ぐるみで行っていたと、この校史に書かれている。

明治から続いた天皇制と軍部による専断によって、その後、泥沼の戦争に突き進んでいった。この暗黒の時代、軍国教育によって作り上げられた青年の悲劇の末路の極みがある。旧制野沢中学から陸軍士官学校に進み、特攻隊長となった西川中尉の浅間山突入の自爆事件である。彼は、敗戦の玉音放送の三日後、昭和二〇年八月一八日、単機で母校の上空を旋回し、別れを告げるように飛行し、岩村田上ノ城の自宅に遺書を投下し、その後飛行機を上昇させ、毎日仰ぎ見てきた目の前の浅間山火口に突入し自爆している。

その後、罷免された松岡校長は郷里の群馬県に帰り、昭和二六（一九五一）年八月文部大臣天野貞祐名で教職不適格としての指定を解除され、群馬県内の商業高校長に就任している。日本は戦後、戦争主犯者は極東国際軍事裁判によりA級戦犯とされ公職追放されたが、政治家岸信介などをはじめ戦争を遂行した幹部が表舞台に復帰している。昭和二七（一九五二）年四月のサンフランシスコ講和条約第一一条により、国内における戦争責任は赦免され、不徹底にされたためであった。このことはその後の社会を大きくゆがめ、平和憲法にもかかわらず武力を持ち、経済至上主義を邁進することにつながっていった。

第六章　兄弟の戦歴と運命

兄の戦死と高砂屋終焉の始まり

世界恐慌の昭和四（一九二九）年から社会は不安定な状況が続いた。しかし、その後の失業救済事業による土木事業、農業開拓水利事業などにより昭和一〇年代に入ると少し町の景気ももち直していった。岩村田花園町と本町の二軒の高砂屋は追分から移転し、明治中期から三〇数年つづき街に定着し、なじみの客や商売仲間を持てるようになっていた。

隣村の志賀村は薬用人参の発祥の土地であり、忌地性の強いこの作物の栽培を県下にいち早く広め、組合を設立していった。薬用人参、繭生産などで豊かになった農家、問屋は羽振りがよかった。この村の農家の客は高砂屋にとってお得意さんとなっていった。この事業の中心となった神津家は、信濃商会を横浜に設立し海外貿易を行っている。江戸時代から続く地主の神津家はこの地方で知られる黒壁・赤壁の大屋敷を持ち、次第に企業家として成功していった。豪農神津家は志賀銀行を設立し、のちに牧場、鉄道、観光経営で財を成している。大正時代から昭和初期にかけて、神津藤平は長野市と千曲川対岸から周辺への鉄道建設と観光開発に投資した。北信濃の渋・安代・湯田中の温泉街の観光開発に、長野電鉄株式会社を設立し、のちの志賀高原を県下のみならず日本の代表的な高原リゾート地につくりあげていった。「志賀」は出身地の村名を冠したものであった。

高砂屋が父千助から浩三の代になり、使用人も抱え、客足も定着し、家計はやりくりであっても商売は安定していた。長男仁、次男啓次郎はともに同じ旧制中学に学んでいた。この時代、戦時色が強くなり、中学では武道が男子生徒には人気であった。二人とも柔道部に入り兄弟同士でも張り合うように朝稽古、寒中稽古を重ね、二人とも黒帯を絞めるところまでに上達した。長男はやさしくまじめなタイプで次男が右足にハンディがあることを絶えず気づかいながらも、熱心に指導した。

また、長男・次男が卒業するころには長女作子、次女夏子を相次いで高等女学校に入学させることができた。長女は男兄弟の影響もあり、女学校では体操の教科でもあった弓道・薙刀が上手で、なかでも薙刀の練習を熱心に重ね、腕を磨いていった。また、父方の伯父が鼻顔稲荷神社の上に弓道場を運営していたので、弓道の練習を積むことが出来る環境にもあった。男勝りの気質と闊達な行動力をもつ女性であった。指導した教師は彼女に卒業後は京都市にある武徳会へ入学することを勧めている。しかし、女学校卒業後、たまたま満州国の病院医師をしていた母方の伯父の妻が列車事故で亡くなり、家族の手伝いを依頼され錦州へ渡り、しばらく満州で過ごした。その後帰国し、戦後、彼女はいち早く東京の美容学校で資格を取得し、仕事をつづけた。経済成長も続くなか、佐久に二店舗も持ち、美容師を育て美容師営業組合をまとめる役員の仕事まで行った。一方、次女は姉とは異なり日舞や琴・三味線の稽古事をさせてもらい、花園町のまちの踊りに練習に力を入れた。小学校の教員の月収が四六円ほど、東京の市立中学の入学年次の学費は直接経費だけでも一四六円一九銭もあった時代である。高砂屋はこのように五人の子供を旧制中学、高等女学校で学ばせることができる経済環境がこの時代はまだあった。

しかし、上級学校や大学予科などへの進学は競争率が高く、極めて厳しかった。進学は兵役を逃れる道だった。旧制中学を卒業すれば、軍需関係の産業に就くか、兵隊に志願するかの選択が待っていた。

長男仁は卒業後、祖父・父の高砂屋を引き継ぐ気持ちでいたが、満州国政府の医師だった伯父（母とくの兄、尾崎吉助）の薦めで満州に渡り、延吉市役所の官吏として勉強しながら勤務し、次の進路の準備をしていた。満州の奥地には匪賊の出没もあり朝鮮と沿海州に近く、満州人をはじめ朝鮮族自治区のなかでは日本人は必ずしも安心して生活はできないなかでの勤務だった。

昭和一二（一九三七）年七月、日中戦争の発端となった盧溝橋事件が勃発した。即ち、当時の支那事変である。これを発端として戦況は現中国の華北地方周辺へと拡大していった。さらに、八月の第二次上海事変勃発以後は現中国の華中地方へも飛び火、次第に中国大陸全土へと拡大し、日本と中華民国の戦争の様相を呈していった。旧ソ連は空軍志願隊を送り、中華民国側を援護した。

張鼓峰の戦いは盧溝橋事件の翌年、昭和一三（一九三八）年七月二九日から八月一一日にかけて満州国東南端の張鼓峰で発生した旧ソ連軍との国境紛争である。旧ソ連はハーサン湖事件と呼んでいる。今では戦いの犠牲者の記念碑がハーサン湖を望む丘に建てられている。張鼓峰は満州領が朝鮮と旧ソ連領の間に食い込んだ部分にある標高一五〇メートルの丘陵であり、北西方面には白頭山から発する豆満江が日本海に南流している。当時、旧ソ連は、境界線は張鼓峰頂上を通過していると考え、日本側は、張鼓峰頂上は満州領であるとの見解であった。この方面の防衛は朝鮮軍第一九師団が担当していたが、国境不確定地帯として張鼓峰頂上に兵力を配置していなかった。

しかし、盧溝橋事件に続く、これらの戦いは中国各地に拡大されていった。昭和一二（一九三七）年一一月、長男にも召集令状が届いた。その翌月一日までに陸軍大島部隊入営への出頭命令が下された。満州の市役所の勤務は二年足らずだった。郷里の父母に連絡するが、ただちに帰国し家族にあうこともできないまま、その日をまった。一六日、歩兵第七五連隊第二機関銃中隊に入営した。そして、旧ソ満国境および豆満江周辺の警備の任務に就いた。家族や国のために戦うことはなにも疑問もなかった。学校の授業で受けた教練と教育勅語によって皇国日本の軍国青年となっていた。まだ日中戦争は開始されたばかりであり、外地にいたため、かれは郷里の父母との別れもなく、国防婦人会や家族におくられることもなかったが、病院勤務の忙しい中を医師の尾崎伯父が駆けつけ市役所の日本人に励まされながら入営した。

戦いは日増しに激しくなり、兵士の戦意は高くなり、死の覚悟が読み取れる日記を残していた。翌年の八月一〇日、旧ソ満国境の張鼓峰の戦いで旧ソ連の赤軍と戦い、敵戦車に爆弾を抱えて戦死したと伝えられている。行年二三歳であった。

陸軍は戦死から二カ月後、彼が戦死する四日前までの手記が残されていたことを知って、次のような歌を陸軍中将尾高亀蔵師団長が揮毫し、遺族に寄せている。また、東京日日新聞社・大阪毎日新聞社の「東日時局情報」(昭和一三年一〇年八日発行)は「血のにじむ一兵士の手記」として戦死した土屋仁上等兵の七月二五日から八月六日までの手記を掲載した。

しかし、この師団長の歌の内容は彼が残した手記をみると必ずしも軍隊内の彼の行動内容をすべて表現したものではないことがわかった。陸軍が名誉な戦死を遂げた兵士を讃えることと、同時に遺族への哀悼の意を示したものであることは確かであった。しかし、日本は、これからの本格的な日中戦争を遂行するために、兵士の士気の昂揚と銃後の国民精神を鼓舞し、国民の国家と軍への信頼を繋ぎ止めるためのモディファイした「弔文歌」だったのではないかと読み取れる。

戦死した翌年、この歌を刻んだ石碑が菩提寺である軽井沢追分の泉洞寺に、陸軍が建立している。表面には陸軍上等兵、勲八等・功七級、土屋仁墓、従五位三等佐藤長州書とある。皇国軍隊の象徴である黒御影石の大墓碑の裏には陸軍中将尾高亀蔵師団長の歌が刻まれている。表面の名前を揮毫した佐藤長州先生は、実名が寅太郎、慶応二年の生まれ、大正時代に衆院議員、戦前の昭和年代には信濃教育会会長に七選し、旧制岩村田中学校長、岩村田高等女学校長を務めた岩村田町・長土呂出身の名士であった。裏面の揮毫は旧制岩村田中学校教諭柳沢正直先生であった。このような黒御影石の大墓碑が建立された詳しい経緯は不明のままである。今も堀辰雄が愛した野仏の前で、父母らの墓とともに八〇年近く建っている。

陸軍中将尾高亀蔵師団長閣下即詠
　特に寄せられたる歌
津浪か嵐か　戦車が寄する　若き桜乃益良夫が爆弾抱いて勇み立つ
今が最期と覚悟をきめりや　同じ心か　戦友も　にっこり笑うて　手を握る
見事に　私は戦死を志ます　誉めて下さい　おかあ様　妹頼むぞ　孝行を
昭和十三年張鼓峰に於いて勇戦壮烈な戦死に従うこと　土屋仁君の日記を見る
　尾高生書　印
義観院勇嶽顕忠居士位
昭和十三年八月十日　戦死　行年二十三歳

この激しい戦いで日本側は戦死五二六名、負傷者九一四名の犠牲者を出した。この事件は、第一次世界大戦の激戦をほとんど経験しなかった日本にとって、日露戦争後では初めての欧米列強との本格的な戦闘であった。従来、機密指定されていた旧ソ連軍（ロシア）の文書が公開されたことで、従来の旧ソ連側の損害が過小に報告されていたことが明らかになっている。旧ソ連側の軍隊の規模は、将校が一六三六人、下士官が三四四二人、兵士が一万七八七二人で合計二万二九五〇人だった。旧ソ連側の損害は、戦死・行方不明が七九二人、戦傷・戦病が三二七九人だったという。旧ソ連軍は将校の死者数が全体の一八パーセントと特筆して多いと指摘されている。帝国主義、植民地主義による侵略戦争の時代、日露戦争に負けた旧ソ連は民族としての歴史的屈辱を取り戻すためにも張鼓峰の戦いに全力を挙げたのだろう。

長男仁が母方の伯父の世話で勤務した満州国の間島州延吉で官吏として働きはじめたころは、祖父千助は孫の仁へ励ましの手紙を筆にしたため、昭和一一（一九三六）年一一月に送っていた。その中には「第一に防寒、第二に土匕（匪賊）の襲来、第三に伯父夫妻其の他賜従、第四に就職先に懸命なること。帝国男子タルガ故に潔キヨリ決心セラルベシ。」最後には、「帝国日本の貿易、世界各国に及ぶという。国という後ろ楯あり（夷譲）」と書いている。

千助が隠居し始めたころ花園町高砂屋で孫を世話していたが、その孫の仁が入隊から八カ月で戦死し、若い命が祖父より先に逝ってしまったことを内心は悲しんだ。やがて高砂屋を引き継ぐはずの若い家族である孫が大陸に散ってしまつた。そして、文久三年生まれの千助も孫の仁の戦死から三カ月後の昭和一三（一九三八）年一一月に七五歳の生涯を生き抜き、高砂屋の自宅で息を引き取った。

振り返れば、千助が三一歳のとき日清戦争があり、四一歳で日露戦争が勃発し、六二歳で第一次世界大戦に突入し、すべて日本は勝利してきた。しかし、祖父千助は満州事変・張鼓峰の戦いによって今わが家族の孫が戦死したという事実に直面し、これまでの勝利者日本国からしか見えなかった戦争というものが、家族の死を通して新たにその意味が時代の矛盾として見えてきたのであ

戦死した兄仁及び遺族に贈られた勲章

る。

長男仁が卒業した旧制岩村田中学校の「六〇年誌」には、次のように書いてある。昭和一八年の同校の軍人援護班の「誉之家調査名簿」による卒業生、職員の戦死者は太平洋戦争突入後急激に増え、卒業生の応召者は一〇一人に達し、一〇三軒に一人の割合になっている。昭和一四年一一月同校の卒業生・教員戦没者七名の合同慰霊祭が講堂で行われていた。その時の「慰霊の歌」は、「大君に命捧げし益荒男の、君が誉の薫れる日、国の鎮めと眠ります、御霊安かれとことはに」とあり、〝岩中の九勇士慰霊祭〟として地元紙に報道された。高砂屋の父母ら遺族も参列し、遺影と遺品が飾られ涙を新たにした。すべて、天皇と国の為に命をささげたのであった。

それから翌年一〇月一一～二六日、戦没者慰安靖国神社臨時大祭が大規模に行われた。このときは高砂屋の父浩三、母とくと次女夏子が東京まで信越線の列車に乗り六時間かけて参列した。父母はどんな思いで参列したのか推し量るしかない。多くの全国の遺族とともに参列し、靖国神社に初めて足を踏み入れたが緊張することはなかった。賑々しく行われた式典だったが、何も言う言葉もない。息子は軍人として栄誉ある戦死を遂げ、代わりに勲章と慰霊墓碑を賜ったが、二度と岩村田の高砂屋にもどることはない。「遺骨も帰っていないのだ。返してくれるまで動きたくないのだ」母とくは長男仁の日記にあったような忠君愛国の精神で、勇敢に戦い、見事に戦死し、東京日日新聞に取り上げられた誉有る息子だけが誇らしかった。しかし、内心それはどうでもよいことであり、生身の息子が戻ってくれることだけを望んでいた。遺族慰安祭に参列した全国の遺族とともに高砂屋の三人は明治神宮に参拝し、招待の東京宝塚劇場、有楽座も観劇したが、晴れた気持ちにはなれなかった。東京での宿泊を義姉兄の山寺家に世話になり再び信州に戻った。

ところで靖国神社は一八六九年の戊辰戦争で戦死した軍人を奉るために創建された「東京招魂社」が前身である。この招魂社は全国各地の市町村にあり、岩村田上ノ城にもあった。その社のカギを次男は母から預かりいまでも、兄弟の英霊の写真の脇に備えている。一八七九年に「靖国神社」と改称し、国家神道の中心の神社と位置付けられている。明治維新から太平洋戦争までに天皇のために戦って死んだ軍人・軍属だけ戦没者二四〇万人余が奉られている。西南戦争で天皇に背いた賊軍の西郷隆盛や捕虜の戦死者、民間犠牲者は奉られていない。明治政府・軍部は天皇への忠義を尽くし、靖国の英霊になることを美徳として宣伝し、靖国神社は侵略戦争に国民全体を動員するための精神的な支柱として存在してきた。戦後、日本国憲法のもと信教の自由、政教分離の原則が厳格に定められ、靖国神社は一般宗教法人となった。しかしながら、戦後七一年、日本の行った侵略戦争を美化し、正義の戦争とする靖国史観が宣伝される新たな動きがある。日本は連合国側の極東国際軍事裁判で昭和二一（一九四六年）年五月三日から昭和二三（一九四八年）年一一月一二日にかけて裁かれた。この裁判で戦争責任者がA級戦犯として処分されたが、この戦犯である東条英機元首相ら一四人も靖国神社に合祀している。それ以来、昭和天皇も今上天皇も靖国神社には参拝をしていないのであった。

ところで戦死した仁の日記が残されている。昭和一三年七月二五日から八年六日、戦死の四日前までの戦場での様子がしたためられている。部隊名などは伏せ字となっている。

七月二五日、午前六時起床、昨日の疲れでぐっすり眠った。直ちに食事準備、食事後は兵器、被服の手入れ。午後、内務実施、兵器被服検査、現品は非常に沢山だ。毎日炊事で忙しい。

七月二七日、午前八時より一一時まで北某山まで演習対空監視につき、必要なる事項を現地指導および学課。山上より会館まで駆け足、帰来。師団長閣下巡察。まじめなる行動を賞せられる。午後、松ノ湯入浴。兵器検査、出動準備。

七月二八日、午前八時より教練、灰炭、西方岡の上において帰来。直ちに入浴、出動準備。〇隊へ帰るとの話を耳にす。なるべくなら帰りたくなく、何のためにここまで出てきたのだ。多年宿敵ソ連を再び立つ能はざる迄、日本帝国、国家百年の大計を樹立せねばならぬのではないか。願わくば、再び張鼓峰に進出せんことを。

七月二九日、いよいよ自分は〇〇へ帰るとのこと。すっかり準備を終えたとき、その際、〇個〇隊は某方面に出動せり、われらも願はくば国境線に出たい。早く、出動命令が下さればよいと心待ちに待っているが、なかなか命令がでない。遂に阿吾地まで進出、夜行軍、阿吾地よりの重砲〇隊と会って慶興に至り午前五時、九沙坪に到着。今日もまた気分のかかった分解搬送だ。途中、〇砲の行軍に会った。益々心強さを覚えた。何故、黒頂子まで出ないのだろうか。少しでも余分に国境線に進出して、我を有利にせねばならぬ。満人家屋を利用して宿泊。

七月三〇日、今日はとても寝むれず一睡もしなかったので寝むたいのも無理はない。久しぶりの満語少し忘れたようだ。宿舎前の馬場にて談笑。

八月二日、〇砲陣地進入、馬繋場移転、様々な戦況を聞く。昨夜は張鼓峰方面に物々しい砲声を聞いた。〇〇隊は興奮していることだろう。この次はいよいよ俺たちの番だ。死はすでに覚悟の上、ただ一度でもよい。敵に向かって射たずには死すとも死に切れない。俺の命日は今日か、明日か、アハハハ……面白くなってきた。どうしても演習の気分が抜けることができない。今日も対空監視、一日中敵陣とにらめっこだ。可愛らしい子供と遊ぶ。「休幾歳児」なんていうと、てれてよちよち逃げていく。とても熱い。八月初旬の日光は吾々の頭上に直射するので銃を移転せねばならぬ。一時敵機一五機出現。吾らの以前進出した張鼓峰はついに爆撃された。（中略）二時、三時、四時と続き、敵がやって来る。龍水浦に対して地上攻撃をやっているのが眼鏡ではっきり見える。続いて、龍水浦は敵砲兵の目標になった。砲弾は周囲に落下して土煙がもうもうと立ち上がる。敵の夜間爆撃もなく八月二日を迎えた。

午前七時四〇分、吾々対空監視所は敵爆撃機現出前、約三〇〇メートルの地点に約四〇個の爆弾を落下させた。土煙は三、四〇メートルも吹き上げられている。次第にこちらにやって来た。頭の上で異様なる音がするも爆弾の投下はなく、発射したのも敵は雲の上、姿さえ見えたなら撃てるのだが、八時再び上空に現れた。

昨日は古城子の方面にて敵機二個爆撃せり。これに恐れてか敵は決して低空飛行をしない。二、三〇〇〇メートルの高度から爆弾の投下をやっている。

八時三〇分、友軍飛行機の爆音らしきものが聞こえたが、姿は見えぬ。鮮人は昨日まではなにも知らなかったが、今日はあわてふためいて逃げ始めた。家族を連れ、牛を連れ様々だ。生に執着を有する彼らは当然だ。人心の動揺を恐れて極力防止につとむるが、「早くこの戦地より逃げて幸福に暮らせ」と心に祈る。午前二時、龍水浦は再び、敵砲兵の目標となり砲撃を受けている。

八月三日、午前一時沙草坪出発、三時半慶興、国際鉄橋に到着、豆満江岸に進んで、龍水浦の裏に到着。眼前に敵が見える。わが小隊はもう一つの山に前進す。

敵弾が盛んに落下してくる。夜が明けはなれると同時に戦闘は開かれたのだ。弾が飛び敵弾が落下し始めて闘いらしくなる。生死を超越した行動は何ともいうことはできない。実に偉いものだ。人生五〇年、だれも一度は死するのだ。伯母様、今は、自分は死なんてことは何とも思っていません。自分の犠牲によって兄弟、家族を幸福に暮らせることが出来、果ては世の人、国のためになるのです。民族永遠の平和を得ることが出来るのです。一つの犠牲なくしては百の幸福は持てません。班長殿は「戦車を分捕る」なんて口癖にいわれている。一つ分捕りたいものだ。

龍水浦から豆満江岸伝い、慶興着午前二時四会着、豆満江渡河、張鼓峰下に到着、敵砲弾は前後左右無数に落下す。夕方に至り益々激し、一日中何も口にせず腹が空いて動けない。今日は敵機三機偵察に来る他爆撃無し。

豆満江の沿岸に飲料水を得るため穴を掘って水を得るも濁ってよくない。裏山に砲弾二、三〇発落下、前進するも敵弾なし。前進、前進日本軍は強い、退くことがない。

八月五日、今日は一日中敵砲弾の集中火に会うも濠を掘って隠れている。

八月六日、今日は朝から何万発かの砲撃に遭うも被害なし。午後二時、特に益々激しくなり数十台からなる爆撃機のため爆撃を受く。

齋藤二等兵殿即死、敵は次第に接近して来る。小銃弾、砲弾は前後左右に飛ぶ。敵は兵力を増して漸次進近した。吾々も最期だと思うと、今は頭も冷静だ。皆ニコニコ笑って落ち着いたものだ。小隊長の命令、乾パンを食って腹ごしらえ。敵戦車が無数に現れた。あわれらの後方に回った。敵の戦車が一台火を噴いて止まった。


日記はここまでで終わっている。戦いの激しくなる中、死の直前までどのような困難な状態にあったのか推測するしかない。しかし、長男に「日本帝国、国家百年の大計を樹立せねばならぬのではないか」「そのためには自分は死なんてことは何とも思っていません」と言わせるまで覚悟を決めさせた当時の社会と学校教育を考えると、恐ろしさを禁じ得ない。旧憲法のもととはいえ、教育者の果たした責任も極めて重いものがある。

全国の旧制中学をはじめ専門学校の軍事教育は軍事教練として学校授業に持ち込まれていた。天皇制の国家体制とその権力によって、軍国主義教育による集団催眠術にかけられていた長男仁と同様に徴兵され、多くの青年たちの尊い命をどんなに死に追い込んだのだろうか。

三男文三郎の夢と残したもの

文三郎が旧制中学に在学した頃には、高砂屋の料理職人も応召され、店の使用人もいなくなり人手不足が重なってきた。それだけではなく、翌年の昭和一三（一九三八）年には第一次近衛内閣によって国家総動員法が制定された。総力戦遂行のため国家のすべての人的・物的資源を政府が統制運用できるようになっていた。物資統制が遂行され、物資の生産、配給、使用、消費、所持、移動までが制限された。また、国民の産業への徴用、総動員業務への服務協力、雇用・解雇・賃金等についての労働争議の予防など、国民の労働力を政府が統制した。言論・出版についても、新聞・出版物の掲載制限などをおこなった。

高砂屋が料亭を続けるには、食材と使用人の確保が命であった。これらが統制されることは、廃業を意味した。その上、昭和一二年一二月、兄が満州の勤務地で直接応召されて陸軍に入営したため、文三郎は在学途中から高砂屋の商売の手伝いをすることを余儀なくされた。

文三郎は昭和一三年の正月から博文館発行の当用日記を書き続けていた。彼の東京への家出から軍属の特務機関での勤務と生活の一部を、日記をもとに取り上げたい。この暗い時代、苦悶していた三男の様子を日記から読み取ることができる。長兄の仁が満州国で徴兵され、入営したときから始まっている。日記は最初に、その年の決意が書かれている。

「人間働かなきゃ飯がくえんそうだからまあ当分の間、家で働いていよう。喜びもあるが悲しみの方が余計だから損だ。どんな一生を過ごすかも知れんが、その人間のやれるところまでやってみるが良い」。彼にも、やがて二〇歳になれば徴兵検査が待っている。兄や上級生たちのようになるかもしれない。いつもの正月とは違い、一人で朝暗いうちに鼻顔神社に満州で入営した兄の武運長久の祈りにいった。そのとき一緒に神社にいくはずの母とくは悲しみも深く、年末からしばらく寝込んでしまった。父浩三も口数も少なくなり、高砂屋を続けていけるのか不安な毎日だった。この冬は正月あけから出沢くんの兄、小平君の兄にも次々に赤紙が来て、応召されることになった。文三郎は友人と出兵する兵士の壮行のため岩村田駅までいっていた。

高砂屋では、結婚などの祝い事があると仕出しや会席料理を頼まれる。父と母が作った仕出し料理を自転車やリヤカーで隣の志賀村まで、次男と一緒に運んだ。次男は代用教員をしていたが、手伝ってくれた。この冬は暇な日が段々多くなり、高砂屋の店も客足がわるくなっていた。妹たちは女学校に行っているので、一人からだを持て余すことも増えていた。そんな時は友人を誘って自分の街や隣町の映画館にいったりもした。また、中学でしていたように警察署に出向いて柔道の練習もした。同級会があると街の仲間や女性たちも入って、たわいのない話に夢中になった。自分の家の高砂屋で集まることもあったし、周辺の上田や野沢、中込の友人や従弟に会いに行き、懐かしそうに話し込むこともあった。

普段あまり顔を見せない祖父（母とくの父）が平賀村から泊まりにくると、家族は和んで食事やお茶で、団らんの一時を過ごした。文三郎は祖父の来訪に「兄が兵隊にとられたので、母を心配して様子を見に来たのだ」と思った。祖父は決まってお金や野菜を置いていった。

文三郎は、こんな生活に日々悶々とし、本心は耐えられないでいた。「自分にはもっとやれることがあるはずだ」と苦悶し、晴れない気持ちが続いていた。旧制中学に在学しているが学校にもいけず、高砂屋の手伝いもしなければならない。自分の進路が決められず昨年の半年を棒に振ったことを後悔し、家出することを考えていた。しかし、彼は「いま、一番つらい母のことを考えると泣きたくなる思いであり、居たたまれない気持ち」が常に付きまとうのだった。また、上田の飛行場で空軍の何十台もの練習機を見て力強さを感じて軍隊へのあこがれも抱いた。同時に、「こんな希望を持っていたことを自分自身が悲しかった」と書いている。

いままでの預金で洋服や靴を準備し、旅支度の用意を少しずつしていたが、ついに一月の下旬、夜遅くに旅の準備をほぼ終わり、翌朝早く一時間ほど歩き、信越線御代田駅から汽車に乗り東京に向かった。その日は大寒を少し過ぎていたが、耳たぶが凍てつくように冷え込んだ。朝早く荷物を出すとき、高齢の祖父千助が寝床から「どこへ行くんか」と聞いてきたが、妹には話してあったので適当に答えて出てきた。

蒸気機関車は真冬の空気を蒸気で白く染め、御代田駅ですでにスイッチバックして入線していた。碓氷峠の最大で約三・八度という急勾配の峠では、途中の熊ノ平駅でもスイッチバックしながら二六個のトンネルを列車は排煙に包まれ、ゆっくりと進んだ。ドアや窓の隙間から煙が車内に侵入することもあり客は煙に咳き込むことがしばしばあった。列車はやがて高崎を過ぎると、関東平野を増々スピードを上げて、終着駅の上野駅に向かった。

東京は京橋区越前堀に住んでいる山寺の伯父たちのところに当分居候させてもらい、職を探すことにした。東京に着いたその日、伯母がもてなしてくれた。夫婦の子供は元気よく、すぐに文三郎に懐いた。その日は大変ご馳走になったが、家を出てきた本心が言えずに心苦しさを感じた。同時に、どんな職に就くべきか、仕事が見つかるのか不安であった。

文三郎は次の日からまず、すでに東京で働いている学校の友人である品川の小林と深川の岩崎と連絡をとりあった。小林とは久しぶりにあい、浅草の大勝館で映画をみて、帰りは店で一杯やり、伯母宅に戻るとさらに用意されていた夕食も済ませた。その日は歩きすぎて疲れ眠ってしまった。翌日は海軍省にいってみようと思ったが、日曜日なので、銀座の白木屋、三越へ行ってみた。帰宅し、夜は夕食にトロをいただいた。伯父たちとお茶を飲み、その夜、勝太郎の歌謡曲を聞いた。山寺さんの坊やのやることが面白く、一緒に遊んでやった。とにかく、「東京は疲れるが歩かないとだめだ」と書いている。

次の日は昨年尋ねた中国の長沙で知り合った大塚の佐々木さんのところに行き、その後の中国のことをいろいろとたずねた。佐々木さんの住まいは立派な洋館の家で、文三郎は驚いた。婦人の話では、「今、南京に行けば家を一戸ずつもらえる」とのことだった。その後は、品川の中村先生のところを訪ねた。昨年、長沙で世話をしてくれた人で、大きな工場を経営している。「ここで世話してくれることは確かだが……」と、文三郎は内心思っていた。なんだかよくわからない気持ちだが、世話になっている山寺伯父のことを考えると、元気が出なくなった。

とにかく、就職を決めたい。岩村田の役所に戸籍簿謄本、身分証明書を送付してもらうため一円五〇銭送っておいた。そんな気持ちもありながら、文三郎は半分東京見物の気分もあり、有楽町、日比谷、三宅坂を歩き、靖国神社を参拝してから、国防会館の前では重戦車をみた。隅田川の石川島造船所で、第四駆逐隊の大きな船を見て歩き、一日ぶらついた。翌日はある印刷関係の会社で募集をしていたので、履歴書を書いて提出したがなにも連絡がなかった。

今回の家出には、進路を決めること意外に、もう一つ理由があった。昨年、長沙で知り合い、恋心を抱いている横田という女性と再会することだった。彼女の家は市ヶ谷鷹匠町であることを知っていたので、捜して近くまで行った。しかし、思い切って訪ねて話す元気がなかった。その後も、上海に行く前に会いたい思いから手紙を書き、帝国ホテルの前を横切って日比谷公園の入り口の「美松」と呼ばれた百貨店の前で待ったが、彼女は現れることがなかった。自分がだんだん情けなくなり、黙って出てきた次兄に詫びの手紙を送った。妹からも手紙が来て、読んでいるうちに涙が止めどもなく出てきた。そうして家のことを考えると「父母を見てやらなければいかん」と思う気持ちが強くなってくるのであった。

このところ、伯父が仕事で、伯母が用事で出かけるときは、夫妻の子供の子守をしている。また、障子張を手伝ったりして過ごした。しばらくすると、また職探しに専念し、飯田橋の職安にも行った。履歴書を作っては提出したが、決まらなかった。最後には銀座で額縁屋、ボタン屋にも履歴書を出したが、意味がなかった。そうこうするうち、迷っていたがやはり、中村氏を通じて上海・南京に行き、陸軍に志願しようと思うようになっていた。男兄弟三人のうち「だれが立派になるか」「誰が一番親孝行するか」と思うようになっていた。田舎の妹作子からの手紙には、「本箱やネクタイがぽつねんとしていて淋しい」と書いてあり、文三郎は「あーしっかりしなければ……」と思うだけだった。

東京に来てから四谷区南伊賀町の関という人に御願いしていた南京行が出来そうになってきた。関氏は品川の工場の中村氏の仲間であった。その日は朝から家を訪ね、一旦中国から引き揚げてきた彼にいろいろと情報を聞いた。いままでの実家の事情を話すと、早速南京へいけるように手続きをしてくれることになった。翌日には、関さんと待ち合わせて外務省東亜局に行き、證明書を貰うことにした。京橋警察署では身分証明書をもらい、その足で再度、関さんの家に行き、汽船の切符のため二〇円借金した。すでにもってきた金は底を尽いていた。船賃は一四円四〇銭だった。東京駅発二〇日午後一一時、二二日午前七時の長崎着の切符を買った。

何日かが経ち、出発する前になってやっと、伯父にも上海・南京の軍隊で働くことにしたことを伝えた。いよいよ出発の前日、「しばらく日本ともおさらばになる」と文三郎は思った。靴屋で靴底にしっかり鋲を打ち、次兄、母、伯母、妹二人に手紙を書き、田舎に送った。夜の出発の時間が少なくなりハイヤーで東京駅まで行ったが、和菓子屋「榮太郎」で働いていた叔父が見送りにきてくれて、梅干しを土産にくれた。「山寺夫妻には、この一カ月近く、沢山迷惑をかけた。このご恩は忘れない」と彼は一人つぶやいた。

長崎到着は時間どおり翌朝の七時。そのまま、波止場までハイヤーでいき、上海行の船に無事乗船した。文三郎と同じように中村氏に紹介されてきた鈴木と木村という人物も同宿だった。輸送船の中は兵隊でいっぱいだった。翌日、上海の港に着いた。原田武官の家に向かう途中は、激戦の後ももの凄く、戦死者の墓があちこちにあり、いろいろのことを考えると文三郎は涙ぐんだ。翌日は、河辺部隊の副官が来て経歴を聞き、履歴書調べがあったが、「明日から伊藤曹長のもとで働くように」と言われた。昭和一三（一九三八）年二月二八日、上海は春の気候になっていた。

文三郎は民間人だが、上海特務機関の軍属としての身分で厚生・衣料、食事などを行う兵站部の仕事を与えられた。機関幹部兵の毎日の衣食住のための仕事で食糧倉庫の管理、料理やボーイの仕事、風呂の準備で多忙な数カ月が過ぎた。上海の仕事は一カ月もするとなれ、軍が雇用する中国人をチャンキーと呼んで仕事を指導するようになった。軍曹と中国人の間に入り倉庫の荷物の運搬、掃除、内地から輸送されてくる牛肉、豚肉、鶏肉、酒、各地から購入するパイン、バナナ、果物などの他に軍隊生活の物品の補給から管理までを行った。ここで食べる昼食はいつも満足するものばかりだった。上官たちの注文もあり、すき焼きは定期的に食べられた。

また、軍隊には酒保《しゅほ》というものがあり、日用品、生活の雑貨、酒・たばこ、なんでも手に入り便利だった。酒保とは、軍隊の駐屯地（兵営）・施設・艦船内等に設けられ、主に軍人・軍属たる下士官兵や相当官を対象に日用品、嗜好品、雑貨を安価で提供していた売店のことである。将兵から酒保の従業員や商品もひとくくりに「酒保」と呼ばれていた。この施設には上官に購入を頼まれることもあり、文三郎もいつも利用した。

上海の街は中国人だけではなく白人、黒人も多い。英国租界地、仏国租界地もありヨーロッパにいるようだ。慣れるにしたがい、少しは落ち着いた気持ちで働くことが出来た。下士官、軍曹とも付き合いができるようになると、映画やダンスホール、バーで遊ぶことも覚えるようになっていった。また、仕事が暇になると中国人の雇用人とも中国語で話せるようになり、互いに歌を教えあうようにもなった。文三郎は「君が代」を教えた。暇な時は仲間とキャッチボールをしたり、上海のクリークで釣りをしたりして過ごしていた。

彼の初めての俸給は四二円が支給された。しかし、時計の修理や借金の返済で消えた。仲間と夜にささやかに紅茶とパン、バター、ジャムで支那（中国）のことを語り合った。翌月の俸給からは四〇円になっていた。二〇円を貯金し、半分を母とくに送金した。母かららくる手紙にはいつも泣かされる。「高砂屋の店の商売がどうして左前になったのだろう。

すべて父の責任なのだ」と文三郎は父を責める思いが突き上げてくるのだった。この間にも次兄、妹たち、女性の友人たちにいつも手紙を送り、手紙のやり取りを怠らなかった。二カ月過ぎから、日記に句を記すようになった。こころに余裕が生まれたのだ。

苗代や狂いおよぎの源五郎
紫の藤なみの花　ふきながし
しずかな春の日くれにけり
春の雨石まで育つのかと思うなり

文三郎は次々に句が思い出される。上海市内の五条が辻から少し来たところのふじは、満開だった。「実際もう夏だ」。汗が玉のように出る。暑いため夕方、自転車で出かけ、市政府の建物の手前の水路で、市蓮やおそ咲の水仙、アマリリスを二つばかり取ってきて、暗くなるまで鉢に植え替えた。「ああ気持ちのよか事」と日記に記す。また、上海の季節の移り変わりを何度も詩、句にした。

銀砂子をまいたような星空の下、野を渡る微風に吹かれながら歩く宵
草踏めば水に落ちたる蛍かな
春風も薄ら寒いと思うなり
風吹けば蓮の浮き葉に玉越えて、涼しくなりぬひぐらしの声

軍は七月になると、南京に移動した。上海での仕事からしばらく離れることとなり、仲間たちが送別会を開いてくれた。翌朝早く、時局婦人会の人たちも同乗して、友人が運転するトラックで駅に向かった。南京行きの列車では、文三郎は一等車より上等な汽車に生まれて初めて乗った。途中、蘇州で少尉らと合流し、常州を過ぎたころにもの凄い夕立に遭いながら、途中の無錫で西瓜を食べた。まだまずいのに、文三郎は閉口した。夜八時に南京の下関駅に到着し、軍の管理部の副官のところにあいさつに行くと、文三郎は筆主の仕事を命じられた。この部隊は騎兵、衛兵もいて鉄道部もあり、軍の建物は大きい。仕事は各師団への通諜や人馬統計を書くなどの事務だった。生活の上では、共用の風呂は兵隊が多く、いつも芋を洗うようなところだった。酒保のサイダーや密豆は上海より高かった。到着した夜はハモニカを吹いてから床に就いた。文三郎は気持ちがよい日には、ハモニカ

を吹いて過ごしていた。今までの仕事とは異なり、難しい仕事であった。彼が作成する文書は軍の秘密書にあたるもののようだった。初めてつくる人馬現員表など、間違って困った。高等人馬要務令という秘密書類を置き忘れ注意されることもあった。慣れない仕事で夕食後までかかり、やっと終わることもあった。そんな時は上海から持ってきたシャンペンを仲間と呑み、よい気分になり眠った。時には、上海から持ってきていたレコードをかけて、渡邊浜子の歌を聴いた。

翌日は気分よく目が覚め、つづきの仕事を午前中に終わらせた。日計表という、一日ごとの部隊の人員の増減を記した記録は、作成するのは案外易しくない仕事だった。作成した書類をタイピストに渡せば印刷してくれたが、整理するまでが大変だった。仕事は副官と一緒にしたが、同じ郷里の岩田正太郎という人がいたりして思わず気になった。各師団への書類の発送が終わると疲れ、みんなでビール酒を飲んだ。九月に入っても書類整理はつづき、秘密書類を書き続けた。大隊長の戦死、階級ごとの戦死者の名簿、さらにその補充の人員名簿づくりがあった。各地の戦いが一週間もにらみ合っていることなど戦地の生々しい情報が常に飛び込んできていた。

その後、しばらく日記は白紙が続いていた。八月一〇日だけ記入し、二カ月空白となる。何か心境の変化なのだろうか。

「八月一〇日、兄仁、八月一〇日午前八時三〇分、将軍峰の花と散る」

次兄からの手紙でわかったのだろう。空白のつづく日が多かった意味が読み取れるのだった。文三郎は次の進むべき道を考えたのだろう。彼はこの仕事をしばらく辛抱して続け、親に金を送り続けた。部隊が解散するまで漢口にいき、そして特務部に入り、やがて内地に戻って正式に陸軍に志願することを心に固めていった。

文三郎は九月に入り体調を崩し、胸が痛むのに気が付いた。肋膜ではないかと心配した。この間の書類整理は多忙を極め、夜までの作業がつづき、疲れた後に酒ばかり飲むことが多くなっていた。また、ここ南京はすぐ戦地と隣合わせで、夜は大砲の音が相当近くで聞こえるようになった。家族や友人からも手紙が届かなくなり、気分も晴れなかった。

そんな中、文三郎は高等官食堂のボーイ長がいないので、その任に当たり、副官部を免じられ管理部に勤務することになった。料亭・高砂屋の父母や料理職人らが調理していたことをみて生活してきたので、食堂の仕事は全く抵抗なくできた。しかし、実際の仕事は食器の監視、物品の管理・補充だったが、忙しい仕事で驚いた。二川大尉からは臨時の雇員になったといわれた。これから一生懸命やろうと心に誓った。食事に関わるものとしての仕事の態度として次のことを言い渡された。

「一、つまみ食いはしないこと。」「一、食器をよく洗うこと。」「一、粗末でもきれいにすること。」「一、御互いに助け合うこと。」その日はしばらく来なかった妹や母から写真や手紙が届き安心した気持ちになった。

一〇月末、漢冂が完全に陥落した。その後は、一一月になって戦線から大尉や主計の軍幹部が帰ってくる。大尉からはすき焼きの注文が入る。早速、鍋や七輪を準備し、バター、砂糖を用意し、テーブルを並べた。その夜の将校らは大変喜んでくれた。次の日、以前から食堂が狭いことが問題であったので、早速、広くすることになり、大工隊がはいり、数日のうちに修理してくれた。しかしながら、近々、この部隊も解散するとの情報が彼の耳に入った。翌日、軍幹部は長江から漢口の方に渡り合同慰霊祭があるので、朝食後は久々に自分たちの時間が取れたので洗濯をした。俸給は七五円を頂く。冬用のシャツだけ買って、母に送金と預金をしようと決めた。夜は食堂で送別会があるのでその準備に追われ、終了後、いつも飼っている金魚の水を取り替えたら、大分喜んだ。

一二月に入り、文三郎は体調が悪くなり頭が痛んだ。夜中、便所に行こうとしたところ、ありがたいことに准尉が付き添ってくれた。次の日も頭がうずき、軍医がわざわざ来て注射をしてくれた。また、数日日記は書けなかった。「病にありて記することなし」。その後、「今日、満月の日だが、手の傷もうずくし本国の家のことをいろいろ考えていたら涙ぐんだ」と書いている。「俺は、結局国に帰った方がよいだろう」と思ったりもした。翌日は次兄、妹たち三人から、また、恋人や友人から手紙や写真が来て感激した。体調不良のせいで手に力がはいらず、返事が書けなくなったが、その日は本当に愉快な気持ちになった。数日後には頭も手も回復し、外出が許されることになった。

戦地の中でも少し落ち着いた日常生活を迎え、兄妹たちから小包と手紙が届き、年末から正月を迎える様子が日記に書かれている。

ある日の昼食後には、大毎（大阪毎日新聞、現在の毎日新聞大阪本社）、東日（東京日日新聞社、現在の毎日新聞東京本社）の慰問団がきて、中庭でアコーディオンと独唱が披露された。見物人が何千と集まったので、四、五回歌った。また、当時流行したリーガル千太・万吉漫才コンビの出し物は腹を抱えて笑った。朝日新聞社からも慰問団がきて、奇術や漫才に大いに笑った。一方、慰問団の来客は文三郎の仕事を忙しくさせ、一二三名の食事の支度で、てんてこ舞いとなった。翌日も翌々日も、軍の幹部がきたため、準備は忙しく、酒一斗を準備するほどだった。一二月の雨は冷たく、雨がみぞれとなり降り続いた。この月の俸給から、八〇円送金できた。寒くて食堂の金魚がじっとしていた。翌日も寒く、みぞれになった。そんな折、漢口へ出向することとなった。現地の食堂や炊事場を視察したが、給仕が二五名もいるので、もっとしっかりやろう。佐官らは漢口ホテルで、尉官は本部で食事をしたが、軍幹部が交代するので名札づくりや、酒五〇箱を運んだ。

ある日は、各部隊長、師団長の会議があり、前日から用意したテーブルには、名札を間違わないように気を配った。夜の食事には二斗の酒とピロ缶を出す。目の回るような忙しさだった。

このように、年末にかけては特に行事が重なり、多忙な時期となった。軍部とはいえ、暮れも正月もあり、竹や松の買い出しなどを行っている。食堂には新年の日用品、果物などを準備し、幹部の着席表を作成した。一方、参謀長ら幹部の行動に合わせた仕事が続いた。また、文三郎は新しい任務が与えられ、曹長のもとで金銭方の仕事もやることになった。

しかしそんな日々の合間にも、毎朝のラジオ体操のことや、友人とのキャッチボールや囲碁をしたこと、隊長同士のふざけた日常の様子、大尉に招かれてすき焼きをご馳走になったこと、年末には次兄から新聞や小包が届いて懐かしく読み、餅をみんなで食べたことなどがつづられている。そんな時は気分もよく、母への送金のこと、兄姉妹、郷里の友人にも手紙を書いた。自身も時計を購入することができ、日々のささやかな幸福を記している。余裕があるときは日記を出して過去を振り返り、年末の高砂屋のことを想い出すのであった。

一二月三〇日、朝から木炭を運び、日用品袋、手袋、襟布、枕、カバー、敷布などたくさん配給品が届くと、将校の炊事の品物や自分の品物やいろいろ区別した。部屋で片付けていたら、参謀部から「只今漢口の上空三千メートルに敵機あり」と電話が入った。「月もよいからきているとだろう」と思ったりした。

新しい年をひかえ、文三郎は「アア、今日一日で明日から新しい年だ」「来年から真面目にやろう。去年の今頃は友人と大いに語りあかした。自分が家を出てからよくここまできたと思う。これから益々元気よくやらなきゃいかん。第一に父母に心配をかけさせちゃいかん」と決意している。一方で、「只悲しいのは貧しくも長兄の戦死だが、名誉だ。これから益々兄妹一緒になって父母の為につくそう。それが又国の為。家ではどんな正月を過ごしているだろう。部屋にて思いのままペンを走らす。」と書いている。

　昭和一三年の日記はここで完結している。こうして文三郎は昭和一四年七月まで漢口に軍属として働いた。この間、前線の戦いは激しくなり兵站部の仕事も一層忙しくなった。そのため四月ころから胸膜炎にかかり、漢口第一三兵站病院に入院し、二カ月近い治療の後、六月二五日に無事退院した。そしてその後、一カ月ほど岩村田花園町高砂屋に帰っている。祖父千助は前年の昭和一三年一一月に、すでに亡くなっていた。この年は長男仁と三男の成長をみた父母は、内心頼もしく感じた。家族と無事を確認するように団らんのときを持ち、忽ちのうちに一ケ月が過ぎた。そして、文三郎は決意したとおりこの帰省で志願兵として役場に届け出ている。

　それから、家族の為に、大陸に渡り同部隊の下に再び戻った。その後も沙洋鎮、宣昌、漢口、再び上海にもどり軍属として昭和一五年一二月二三日まで働いている。

　文三郎は軍属として働く間、兄や妹たちと手紙を頻繁にやり取りしている。残された一家は、岩村田の店は残しながらも、すでに母の実家の平賀村に転居し、妹たちは女学校に通学していた。通学の小海線は戦時下、蒸気機関車ではなくガソリンカーであった。昭和一五（一九四〇）年一二月、家族に六〇円を送金し、倒産した高砂屋一家の生活を支えていた。長女作子は通学のために時計の購入を三男にお願いしていた。

その後、文三郎に現役兵として入営の通知が届き、一二月二五日、信州の実家に再び引き返し、正月を挟んで一カ月ほど過ごした。昭和一六（一九四一）年一月二二日、高射砲第一三連隊第四中隊に入営し、大阪港から大陸へわたり朝鮮、満州の戦地に向かった。

この故郷に帰省中、入営に先立ち、母とくは姉妹に千人針を集めるように頼んで、一緒に街角に立ち、親戚をはじめ、町や村の人たちにお願いに回って歩いた。長兄の時は外地から応召されたこともあり、ほとんど家族がまともに軍隊に送りだしてあげることができなかった。文三郎は平賀村や岩村田の国防婦人会、町会の人たち、両親、兄弟姉妹、学校時代の友人、親戚に見送られ、故郷を後にした。妹たちは駅まで見送りに行った。

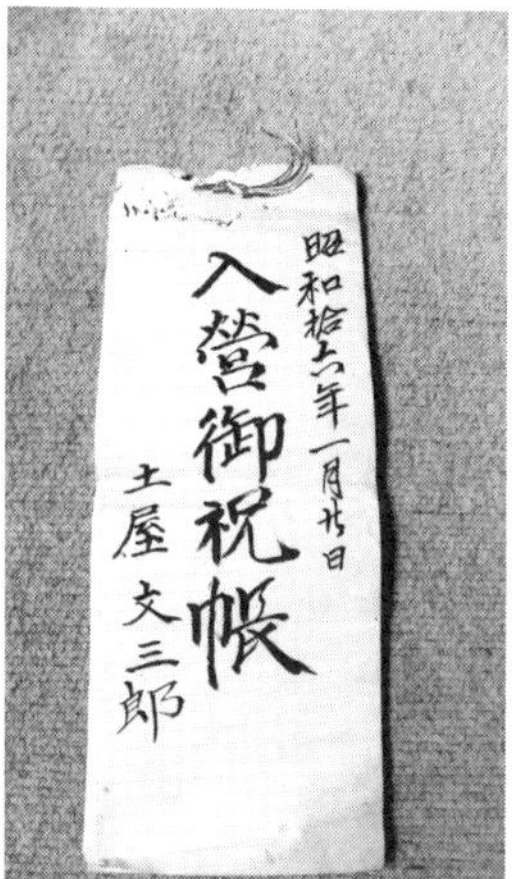

文三郎は機転もよく利き、賢く明るい性格で

商売にも向いていた。いつの間にか料理も上達していた。そのため、長男の戦死後は父浩三からも頼りにされていた。その三男が、軍人として志願し入隊したことに、浩三もとくも武運長久を祈るしかなかったが、内心落胆していた。すでに高砂屋は調理人を失い実質的に商売ができなくなっているなかでも、浩三は「先祖の中山道追分以来の高砂屋をここで終わりにさせたくはない」という思いを抱いていた。長兄や父の死にあっても、街の人の手前、弱音を見せることなく毅然として過ごしていた。しかし、三男の出兵後から精神的な負担が日増しに大きくなっていった。

南方軍三六二九部隊鈴木隊

文三郎の日記と軍歴から、その後の戦歴の経過を見ることができる。彼が所属した南方軍三六二九部隊鈴木隊の戦歴跡は日記に地図を書き、行軍のルートを点線で示している。また、日記は牡丹江省の国境警備についた昭和一六年一〇月末から中国雲南省龍陵までの北部緬甸攻略作戦に参加していた昭和一七年七月下旬までの記録であり、その一部である。しかし、後半の戦いであったインパール作戦は国の軍歴にも、日記にも記録されてない。龍陵はビルマルートの雲南省の都、昆明に向かう米軍の補給輸送が必ず通る「援蒋ルート」

の連結点だった。

彼が入隊した部隊は中国の壺蘆島から知福丸に乗船した三分隊であった。台湾海峡、南シナ海を南下し、各地の戦線から派兵された部隊と合流し、途中、ベトナムのカムラン湾に集結している。さらに、駆逐艦三隻が護衛しながら秦およびマレーの国境シンゴラに到着。その後、マレー半島を南下し、英領シンガポール（昭南島）攻略作戦に参加している。さらに、ここからアドラス丸に乗船し、マラッカ海峡・インド洋を北上し、ビルマのラングーンに上陸し、ビルマ・中国国境の奥地のマンダレー、中国雲南省龍陵に到着している。彼の戦地での日記から兵士としての行動の記録を辿ってみた。

昭和一六年一月二二日、現役兵として高射砲第一三連隊第四中隊に入営した。その年の七月二八日には野戦高射砲第五一大隊本部に転属していた。一一月まで満州牡丹江省の国境警備に着いている。

一一月一五日晴れ。「いつの間にか延吉についている。長兄もこの鉄道を何回ともなく通ったことだろう。軍隊生活も丸四年とてもいやになっちゃう。新京で同じく出征した郷里の友人とあえるとよいが……。夕食が八時頃までになっちゃった。みんなぶつぶつしている。明朝、新京に着く。みんな売店で買うがマネーがなくなって、どうにもならんから寝つかれん」、一一月一七日には熱河省壺蘆島に到着。

一一月一八日曇り。「昨日ある人に託した手紙、兄貴に渡るだろうと思う。伯父さん（母とくの兄、尾崎吉助）のことを知っているそうだ」。文三郎は起床六時、早速飯を上げる。「行くこと一万人以上の炊事場も大したものだ。八垂形の天幕が林のごとく並んでいる。戦車、重砲機砲、あらゆる兵科の集合だ。朝のうち、乗船について色々と話があった。仏印の方にいくのはわれらだが、どこへ上陸するだろうなあ。馬だけでも何万という数だろう」。一九日は夜八時に壺蘆島を出帆した。これから輸送船のなかで休操することが多くなり、兵士は将棋やパズルをして過ごした。夕食後、軍歌の練習もある。日課時限、内務規定が定められる。「今頃、啓兄さんはどんな気持ちでいるだろう。こんなに寒い日は初めてだ」

やがて空も海の色も青く、台湾海峡を通過する。二五日、香港の沖を通過するころから、監視中、防空訓練及び対空射撃、乗船演習を一日三回行っている。彼は夜間監視の当番で甲板に立つ。飛び魚が一斉に飛び上がる。朝起床とともに、立哨し、監視する。一間以上の大魚が船に寄り沿って泳ぐ。文三郎はマグロの刺身を思い出す。なにしろ、毎日ひじきと菜っ葉の菜には閉口している。暑くて蒸し暑い。時には給品のサイダーが一本出る。

一一月二八日晴れ。船団は遥か白く見える奇岩がある景色のよい港に入る。オリーブ色の洋館が波止場にずらりと並んでいる。護用船が四、五隻いる。「ここカムラン湾は日露戦争のときバルチック艦隊が停泊したところだ。これからどこへ行くのか一向にわからん」。午後になって船は仮泊したら船員、兵隊がみな釣り道具を持ってきて船尾から糸を垂らした。赤鯛のような魚とふぐが七、八匹釣れた。夜、海軍の照空燈が絶えず会場に光を投げている。この湾に七日ほど停泊した。

一二月七日、八日の日記には、戦いへの決意が記されている。

「我々ワ大日本軍人デアル故ニ吾々ワ陛下の命ニヨリ亜細亜民族ノ共存共栄の為団結シテ立ツ事ワ国家数百年来ノ願望デアル此ノ時ニ當リ不肖文三郎ワ大君ニ召サレテ此ノ南方ニ参リマシタ。モトヨリ死ワ覚悟の事デ有リマス。国家ト云う事ヲ頭ニオキツ」。この日の日記は長文になっている。

「昨晩はすごく暑い、汗がたぐたぐと出る。午前中、幾回もスコールがあった。大本営陸軍部よりの本が配布されている。これを読めば必ず勝てるというが、相当理解できる様に書いてあった。輸送船および軍艦も五〇隻ぐらい集結した」「マレー半島の方に上陸できるらしいが、どうにもはっきりわからん」「高射砲を甲板上に出す。測高機十糧双眼鏡戦薬も全部出す。各船にも火砲を設置するそうだ。七日、帝国の決意と同時に米英に対して開戦布告をす」と書き残し文三郎の気持ちは高揚している。

「この戦争ではわれわれは勝たなければ本当に死にきれない。東洋平和、世界平和のため兄貴は死んだのだ。いや幾十万といふ英霊に対し、自分が死んでも、兄等全部が死んでも、この戦争だけ勝たなければ大陸に骨をさらした戦友に済まん。この戦い、父がわれわれをじっと見つめて守護してくれ。この戦争に勝つことは、英霊への供養だ。この聖戦こそわれわれが子供の時より期待していたことだ。どんなに苦しい事でもどんなに貧しくなっても勝たなければわれわれは天皇陛下に対し奉り、死んでも死にきれない」。さらに日記は続く。

「日眞将校よりの情報として本日未明、シンガポールを爆撃した事、上海にいた米英軍艦一つ撃沈し、降伏をさせたそうだ。ハワイ、およびサンフランシスコを初爆撃す。部隊は、當三六二九部隊と改編される。総司令官は児玉大将だそうだ。二五軍司令官は山下中将だ。もう五日ばかり仮泊すれば目的地に上陸するそうだ」「アメリカあたりでも上陸しないかなあ」「さあ俺たちも人事を尽くして天命を待つのみだ。ああ早く出港して目的地に上陸しないかなあ。本部のものは大分腹を冷やして具合の悪いものが出た。自分も絶対に病気にかからないようにしよう。弾が当たって死ぬならまだしも、このことだけは絶対に用心してやろう」

一二月一〇日、「昨晩は暑かった。後部デッキに行って裸を冷やして寝たらとてもよく寝られた。みんな寝られないでフーフー言っていた。測高機十糎双眼鏡で各所を眺めていたら、潜水艦が二隻見える。戦艦が二隻、仮装巡洋艦が五隻、輸送船とも六〇隻以上になった。午前中は外国の機種をノートに写す。夜までかかって一八時より武装して縄梯子の下り方、上り方の練習をする。夜は加給品のバナナが出た。いつ食べてもうまい」

一二月一二日、「午後より出港の準備、船団も軍艦のような色に全部塗り替えた。この知福丸は三分隊で駆逐艦が三隻護衛するそうだ。夕方になって駆逐艦がすぐそばまで来た。手旗で話をしている。海軍の兵士もとてもひょうきんなやつがいる。『陸は引き受けた。海を頼む』なんて信号しているやつもいる。とても朗らかな一時だった。出発は明朝八時。二時間後に戦闘隊形に移り、潜水艦も一緒に行くらしいことがわかった。上官は『マレーシアか、シンガポールか、ボルネオ』と言っていたが結局はマレーシアだそうだ。長いカムラン湾上の生活も面白かった。『阿南の士人達よ、東亜の建設を目指そう』、一八時の情報では独伊は米に対して宣戦布告したという。又、但し書きがすぐ入った。なんと『日独伊対米英支ソの第二次世界大戦だ』、大いに張り切ってやることだ」。文三郎は嬉しくて、「夜中迄世界情勢の話をした」と書いている。

一二月一七日、南シナ海はひどい波だった。海は荒れて鉄板がひっくり返るような波だった。各中隊の貨車はみな上がったのに本部は三分の一も上がっていなかった。夕方七時頃ようやく上がった。もう機材は滅茶滅茶でようやく（揚陸作業）やった。水はなかった。兵士らは椰子の実の汁を吸ってようやく喉を潤す。夕方はその場にて飯盒炊さんをした。錦織兵長殿が長で一二五名分の飯と菜を造った。雨はじゃんじゃん降り、上衣梗まで雨でぬれた。彼らは集結場所までいって「貨車の上で寝たが、背が痛いし、蚊に攻められて一睡もできなかった」と書き込んでいる。

一二月二三日、文三郎は夜中に猿が「キャッキャッ」と鳴くので目が覚めた。夜中だ。表に出て星を眺めていたら梟のなく声が聞こえる。帰って床についたら間もなく起床だった。當司令部の経理部へ行って軍票を細かくしてもらう。帰ってまた寝たり、ブラブラしていたら昼になったので飯をもって貨車で海岸迄行った。夕方、彼は「泰人のところに行ったらとてもうまいコーヒーを一〇銭で飲ませてくれた」と語っている。「明日から山の上も立哨するそうだ。海岸の天幕の方に全部引越するそうで自分は装具をもって衛兵の場所に来た」とある。

一二月二九日、「今日は朝から魚料理だ。皆で腕を振う。午後又、たくさん果物を食べた。外に大してやることもないし、一日ブラブラした。夕方、涼しくなって角力をやった。その後、星空の中でハモニカを吹いたりして一二時過ぎまで遊んじゃった。夜中はとてもよい月夜だ。でも、(敵は)爆撃に来るらしいから夜間の警戒は特にやるようにと警戒司令部より注意が入る」。

年が明けた一月一日、部隊が夜中に着いた所は「アロルスターというものすごい町だ。外人ばかりで家屋でも瀟洒たるものだ」。アロルスターで新年を迎えたと書いている。「一合足らずの焼酎を十幾人で飲んだ。さあ、新しい年だ、『おめでとう』を盛んにやっている」。貨車で陸路をいくが、休む度に土人がドリアンやパパイヤ、バナナ、マンゴースチン、ブドーのようなものを持ってきた。果物だけで、腹一杯になった。

一月二日、部隊はアロルスターの地で泊っている。文三郎は「生まれて初めてあんなに豪奢な家屋に泊まった。ピアノはある。広い庭園。美しい花。おとぎの国へ行っているようだ」と書いている。部隊は六時出発し、午前中じゃんじゃんと走る。昼食のあと部落に着いたらまた、果物攻めだった。腹一杯になりながら、貨車に自分の乗るところがない迄も果物を積んだ。一三時頃、目的地の渡河点まで来た。早速、家を貸りて、泊る準備をした。川に行くと五尺ものワニがいる。「明日ももっと移動するらしいぞ」と文三郎は思った。

一月六日、彼らの部隊は編成替えが有ったようだ。「さあ今日から本部より離れて監視班一〇名、通信三名、皆で一三名。土人の家で飯を炊く。土人がゴムの焚き木を持ってきてくれる。良く燃える上、その後は鳥の料理だ。夕食は鳥の焼肉に煮込みだ。コックは腕をふるう事、凄い。一日中炊事場で活躍しちゃった」と少し楽しそうに記録している。その夜は再度集結した。彼は切手の整理をした。大分夜も更けた。「敵襲でもありそうな夜だ。寝たのは一二時を過ぎていた」と書いている。

一月八日、文三郎は次の日も炊事に取り組んだ。「今日は少し、肉が来たので皆にシチューを造ってやったら喜ぶこと、『こんな洋食は初めてだ』なんて言っていた者がいる。夕食に冬瓜のすましを作る。土人の小さな子供はとても可愛い。夕方、土人がコーヒーをいれてくれた。飛行機もよく飛ぶ。一番よく飛ぶのは、我々の双軽爆(九九式双発軽爆撃機)だ。九八の軽爆もちょっと飛ぶ。夜中に敵機らしいのが飛ぶので非常呼集があった」と少し緊迫した様子も書いている。

一月一〇日、次の日も兵士と現地の住人との交流が書かれている。「今日も一時間ばかり早く起きて飯を炊く。沢野上等兵殿が炊いたのは少し焦げ臭い。昼の菜はちょっとからしを入れたらうまい。夕方三時頃、急の命令が来て引き上げだ。調味品などなんでも土人にやって来たらとても喜んで色々とご馳走を出してくれて、別れを惜しんだ。帰るとき荷物を部隊の近くまで持ってきてくれた」「明朝は八時に出発だ」と記している。

一月一六日、「昨夜も立哨中、『警戒せよ』と指令が来る。朝食後、雑多な中に入れてある私物の袋をつくる。切手の整理をしたりしていたら昼になった。明朝八時にファルランポーというところへ移動だそうだ。満州より持ってきた私物や出発準備で午後は終わった。山の監視哨も夕方に帰る。夕食は焼き豚だ。調理したらとてもうまかった」とある。また、「夕方、爆撃に行ってもう帰ってきている。一式戦闘機と九九（九九式艦上爆撃機）の襲撃が一番多い」と戦況を書いている。

一月二五日、クワラルンプールにおいて、「夕方に立哨しているとき、変な形の飛行機が二機雲間よりぐっと低空で飛行場に着陸するように来た。十糧でぐっと見、『敵機だ』と言ったとき、中隊より『敵機発見』と報告がきた。本部で『眞に射撃！』というと同時に火砲より黒い弾幕が見える。間もなく東南方向に去る。ものの三分ぐらいであった。夜も立哨は一番で、爆音に耳を澄ましていたらかすかに聞こえる。通信所の報告と同時に宿舎に知らせたら隊長以下、指揮班の者全部集合と同時に照明弾をあちらこちらに落とした。昼間のような明るさだ。爆音が間近に聞こえる。火砲が火を噴く。二、三中隊の火砲はよく発射する。近くで爆撃の炸裂するもの凄い音で聞こえる。敵機は入れ替わり立ち替わり十回程来た。火砲の炸裂する破片がヒューヒューと耳につく。各中隊より電話で『幾機落とした』と報告してくる。一一時から三時まで約四時間ぶっ通して撃つ。一七〇〇発ばかりよく撃った。

四時頃、芝生の上で寝た。夕方、俺が立哨する時間に上等兵が『あの飛行機はなんだろう。変だなあ。土屋君ちょっとみて来てくれ』というわけで、『俺が見た九九の双軽のようだが一〇〇の司令部偵のようだし、おかしいぞ』と言っているうちに五〇〇〇メートルぐらいの所に来た。ちらちらと英国のマークの入った飛行機だ。『敵機だ！』と言ったときはもう遅い。一五〇〇メートルぐらいのところに来ている。各将校や兵が皆駆け込んでくる。ぐっと、機首を飛行場に向けて低空して爆撃を七つばかり落として上昇する。南方にも一機。北方にも一機、計三機だ。友軍機の一式戦闘機の五機ばかり飛び出す、空中戦と火砲の音、爆音、爆弾の音、機銃の音、墜落する落音。ごちゃごちゃの音で夢中だった。

約三〇分ばかりだった」。

二月七日、ニューグラダイ発。ジョホールバルからなかなか渡河できずにいた。各部隊が先を競って渡河した近くに、砲弾が落ちる。「危ない！」そしてクラムランパーに到着した。「夜は又、爆音だ。各中隊とも射撃準備完了。三分ぐらいしたら照明弾を落とした。良く撃った。爆弾が間近に落ちる。飛行場に焼夷弾が落とされてちっと目標になりそうだ。一二時半頃には爆撃は終わった。昨日からの疲れでとても寝たい。ビールを二本ばかりラッパ飲みし、木の下でごろりと横になっていたら、すぐに眠ちゃった。撃墜一四機確実。翌日、落とした六機を拾いにいった。やはり五機分拾ってきた」。

バツアナムにおいて。「また、一番で立哨しているとき爆音だ。隊長殿に報告した。射撃準備完了。三機らしい。俺が十糧で方向、高低を合わせて報告していたら、十糧の中に黒い機影が見えた。『どうも複葉（爆撃戦闘機）らしい』。三〇分くらいで敵は帰った。皆が俺の事を『空襲男』と云い出しちゃった。俺が立哨していると必ず（敵機が）来る。月がとても美しい。パインを戦友が持ってきてくれた。夜中に食べ過ぎて口が荒れて困る」。

シンガポール・ブキテマにおいて。二月一三日、ジホール水道を渡る。ようやく朝から船渡しも終わって愉しくシンガポール島に上陸した。全島、戦火の煙でくすぶっている。

文三郎はまず、椰子の汁を吸って、周囲を一回りした。昨日はよく、自動車で東西部戦線を歩いた。敵の高砲陣地の後へ陣地を敷く。敵の戦弾薬が何万とあった。四門陣地が高射砲でどっしりしている。敵影が双眼鏡で時々見えた。夕立や一線の歩兵が突撃に入るのが、十糎でよく見えた。友軍の飛行機が低空で行くと、敵の弾幕が黒く大きく微かに見えた。

三二七高地にて。「炊事のそばのマンゴーが、風でよく落ちる。敵のビクトリアや兵舎の食糧庫の中に缶詰や干しぶどうが山ほど積んであった。実際、色々の種類がある。当分、（爆撃によって）困る人でシンガポールはもの凄い。煙柱が上がって浅間山のようだ。英人の死体が至る所にころがっている。三中隊はテンガーの飛行場に残って一二中隊と本部は市街地に入った。今度の陣地はフェバー砲台の後だそうだ。早速陣地を占領して下の外人の住宅に入った。とても便利は良い。給養も良し、ご機嫌だ。各部隊も砲台の見学に来た。下の土人の家へレコード、ラジオなど預けて、毎晩聞きに行く。下には椰子、バナナなど色々の果物がありとても良いところだ」。

二月一五日、シンガポールにおいて。「ここはフェバー山という所だそうだ。丁度別荘地のような所だ。プールがあり、毎日プールに泳ぎに行く。下の土人は紅茶やコーヒーをご馳走する。敵機は一向に来ない。夕方、朝などは気分の良い事。今日は郵便が許可になる。父母へ手紙を出す。金銭二〇円送金する。金は一銭もいらない。夕方、ある外人の家に入ったら金口の中、煙草が五〇缶程あった。皆で分け合って吸う。街より土嚢を運んで、援隊のがっちりしたのを六つばかり造った。今日は糧標を受領に行ったら英人の兵隊やインディアンがバンドの倉庫で働いている。夕方、プールに行った。帰りにリンデンの並木道を歩いて帰る。とても気分の良い木だ」

「今日は防空隊司令部の入いる家の掃除の手伝いに行く。ここはとても要塞のがっちりしているのが到るところにある。シンガポールは住みよいし、とても好きだ。もうあと少しでシンガポールもお別れだというので、無電室の前の芝生の上で演芸会があった。自分も監視班を代表して思い切って唄う。「敵の牙城シンガポールも明日より新しく更生した昭南島となって、新時代に向かう南方の足場として栄えることだろう。もう、一一、三日でマレーの風物とお別れだ。明日より闘志満々として新作戦地ビルマに向う」。文三郎は日記に今後の戦いを書き、マレーの風景、シンガポールのカット絵を書き込んでいる。

三月一六日、シンガポールを出立するため、乗船する。

ゲッペル港からの出航であった。「アドラス丸」という大阪商船の船だった。船団も大方集結すると、春雨がしとしとと降る。「シンガポールも長かったなあ」。海面山が煙って見えた。積載が大変であったが、これから戦地ビルマへと向う。

三月一九〜二〇日、「船員が皆『こんなに静かな航海はめったにない』と言っている。アドラスは三分隊の先頭を走る。防空隊も出来る。六〇幾隻の船団はとてもきれいだ。夕方、俺が監視についていたらスコールがあり、とてもきれいな虹がでた。飛び魚が一度に幾十となく紫色の腹を見せて飛び上る。インド洋の波も静かだ。夕方船尾の水が眞向から光る。『夜光虫だ！』。一人で色々な事を思っていたら、一二時頃になった」

三月二七日、ビルマ・ラングーンに上陸した。

ビルマは中国に近いせいか、船で揚子江を上がって来る中国と同じような印象を文三郎に与えた。町の規模も、大体漢口ぐらいの大きさだった。しかし、独特の大きい金色の佛塔のあることには驚いた。鉄条から一々貨車や弾薬を下していたら一日かかり、やっとのことで終えた。華僑も随分おり、部隊は目抜き通りのビルディングに入った。道路はアスファルトで三〇間の植え込みがずっと続いている。早速機材をもって屋上に登り、陣地を敷いた。「俺等の入った部屋は玉突きの室で仕事の余暇に随分突いた。卓球もあり、ご機嫌だ。夜の屋上はとても涼しい。点呼後、敵航空機に関し、情報面の学科があった。それによると、敵機は多くて三〇機ぐらいだ。大した事もないが頑張ろう」。ラングーンはとても月のきれいな夜に出発した。

次の宿営地はトングーだった。

「快適なドライブウェーだ。月は映え、淡い光を道に投げている。トングーまで眠り、絵のような並木がぐっと続いている。今度の敵は支那さんだ。敵の死体や車輌が道路の脇に投げ出されている。全部というくらい青天白日旗（中国国民党の党章）だ。俺らの車輌はぐっと早く一線の歩兵の近所まで進出して、二〇〇メートルばかりの所に反撃砲がどんどん落下していた。あわてて、なかばして引返す」。

アダッセ。

「砲声が遠のいて牛車部隊の連中が到着した。真赤な夕日が砲声の彼方へと消えていく、薄い靄が丘一面に広がって鳥もねぐらに帰るのだろう。薄いもやの中に消えて行く。星が一つ二つと数えられるようになった。取り止めのないことを考えて田んぼの細道を幕舎に向かって帰った。『早く敵機が現れないかなあ』と思いながら幕舎に帰ったら、もう皆かすかにいびきが聞こえていた」。

「俺らのすぐそばの下水の土管に支那さん三人が隠れていた。二人はとても若い。

一七、八ぐらいの兵隊だ。近くの河端で早速、銃殺した。国の為といいながら、可愛そうだ。もっと日本の真意がわかってくれたら、これから戦う幾万という兵隊も再びこのような憂き目も見ないものを……。重砲が俺らの陣地の前で『ドカン・ドカン』と盛んにやっていた。一晩寝ては前進。こんな具合にマンダレーまで行ったら、ちょっと体に応えるぞ。毎日食後、砂糖きびばかり食べているもんだから歯が痛い」。彼は兵士としての気持ちを吐露している。

ビルマのスワに到着した。「早速、『ア・ピ』と銃を持って前進した。そばで重砲をジャンジャン撃つ。砂煙が白くパッと上がる。早速、えん隊を掘る。自分も天幕を張って夕方にはほとんど終わった。近所にはバナナも相当ある。マンゴーもあり、ご機嫌だ。水浴し、すっかり埃を落とす。夜は草原で星を眺めながら雑談して寝た。夜になったら砲声も止んでとても静かな夜だ。敵機もこない。今日、ようやく満州出発以来、初めて新聞を読む」。

夕方、六時頃、文三郎らは不明の飛行機の爆音を聞いた。「大体高度五〇〇〇メートルぐらいで飛行するので、とうとう発見することが出来ない」「何か⁉　敵機だ！　もう少し低空で来ないかなあ」「ここはとても空気が汚いからちょっと五〇〇〇メートルぐらいでは見えない。八時頃側面にいる重砲が三〇発ぐらい放した。マンダレーの間近で敵機がきた」

「一〇時より立哨中友軍機がよく飛ぶ。半頃北北西方面から三機砲隊に向かって延進して来た。『敵機だ』と呼んでじっと見ていたら水冷の単発（爆撃機）だ。翼のマークがちょっと白く見える。砲隊では、『まだまだ』している。その内に圏外に出た。東方より南方にかけて飛行したがどこかの方向で友軍機に打たれていた。そして、二機になって東方より北西に向かって来た。われわれの頭上だ。火砲は火を吐く。ぐっと回転して東方に向けていたら九九襲撃機が一機来て、ちょっと交戦して敵機は北方に去る。とてもおしい。撲害バクダンにて二機炎上した」。

四月一六日に、スワ河畔を出発した。「星明りを利用してイニダイというところに向かい、道をまっしぐらに

スワ河畔の軍艦のスケッチ

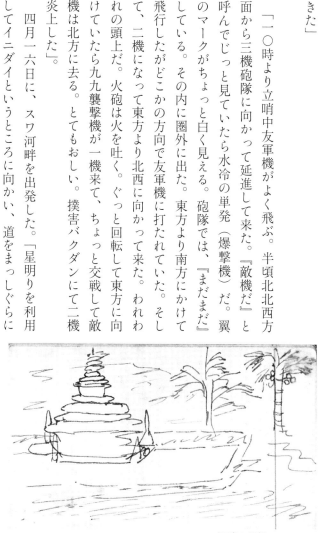

来たのは良いが、俺等の乗っていた列車が牽引車と同時にひっくり返り、少しの間なにも感じなかった。ようやく立ち上がれるようになったが、身体がちくちく痛ませてたまらん。外の者七、八名はそばでのびている。隊長殿も来られて人員の点検やらで、員数がそろったが、皆助かった。通った町はヤメセン、ピンマム、アブアなど色々あったが、急がしく移動して思い出されない」。

文三郎らの列車と牽引車が転倒事故を起こしたが、大事には成らなかったようだ。

五月一一日、マンダレーに到着した。

「マンダレーは(予想したより)大した所でもない。ここを攻略するのに、とても苦労した。日記も付けようと思っていたが思いにならずわれわれは要人の住んでいたらしい四階の屋上に陣地を敷く。二日目に大嵐が来て死にもの狂いだった。流石、マンダレーは佛塔の多い所だ。四日ばかりいて、外人のいた兵舎に移った。ここは内地の兵営のようにとてもきれいで、ビルマ桜が満開だった。われわれは木の上にやぐらを組んで監視哨とした。柳のような大木が日陰を造ってくれる。リスの多いこと、凄い。夜中にとても変な鳴声をたててびっくりさせる」。

五月二二日、「また嵐があって、幕舎が飛びそうになる。マンダレーの嵐も有名だそうだ。

良くあんなに高い佛塔が落ちないものだ。師団司令部にレコードを聞きに行く。『イラワジ河のさざ波』の様な静かなメロディーをうっとりと聞く。そばの湖水には、紫色の水草がとてもきれいに咲き競っていた。静かな森の中でこれも一生の思い出になることだろう。マンダレー駐屯も約半月だった。二三日、いよいよ出発し、ビルマ国境へと向かう。明妙という静かな森の中の別荘地で軽井沢のような所だ。急に肌寒くなって朝夕がとても冷える。途中ラシオウ、ワン張、ボウシを通過、雲南省の龍陵という所に向う」。

五月二七日、雲南省龍陵に到着する。

「ここも名前程にしては小さい町だ。部隊はこれから少し前進すると思っていたら、ここに当分いるらしい。小さい丘の上に陣地を敷く」。二八日、「ノースアメリカの野郎が三機で来た。とても良い具合だったが中隊でも少しも弾が出ない。見ていてもムカついて来た」。二九日、「ホッカーハリケーンらしい三機が来た。来ただけでようやく機影が見えるぐらいの所だ。これも駄目だった。最近少しも物資もないし、六月の一、二、三日頃ボウシに下るらしい、作戦の用事がないらしい。これまでやったら重慶も物資が入らないで手足も出ないことだろう」。しかし、「ガソリンがたくさんあった事」と龍陵の感想を書いている。

六月二五日にはまだ龍陵で宿営している。

雲南省の龍陵は雨の多いところである。日本軍は物資補給もなくなり、その上長雨が続いている。文三郎も厭戦の気持ちに傾いていった。

「雨もよく降ったなあ。初年兵も間もなく来る事だろう。一カ月も雨に降られると人間までがカビてしまう。俺らの進級も発表されたし、太く短く暮らしていくよりほかに手もない。人間の真面目というのもある程度までだ。俺も軍隊に、嫌気がさしてきた。もとよりいやとは思っていたが、こんなに嫌気がさして来たことはない」部隊は警備態姿にいるだけであった。「印度かオーストラリアの方にでも行かんかなあ。何をいっていても後一年半の軍隊生活だからなあ。満州に残った中隊がいやに懐かしい。中隊もどこへいったかなあ」。そう記し、詩を書いている。

・三峡のぬれにし我を悲しむ
・梅雨長し心の痛手何に癒さん
・長雨や雲間に出し陽光を吾れは見上げて微笑みぬ

「今日はなんともいえない良い気分だった。早く、雨も上がらんかなあー。点呼のとき関野中尉より近所の各山の名称を教わった。四囲山岳に囲まれた龍陵も長き雨のため一ケ月も気を腐らせて今日まで過ごした。マンダレーの一ケ月前の事が思い出される。此れから何処ともなく旅のように行かねばならんのだ。戦いは此れからだ、という感がとても強く感じられる。」

・土地悪し手を掛けそだてし我が住家　名残留めぬ征華の朝

・山里の紅一輪の百合の花　天の恵みの光にぞ合う

「早く初年兵が来ないかなあ」、彼は「毎日、そんな楽しい思い出にふけっている」と、ふるさとに思いを寄せている様子を日記にしている。

六月二八日、「いつの事と思うがもう間近い事だろう。近頃の切手の良いのは見つからないし、一日一日の生活があまりにも単調すぎていやになる。龍陵にも慰安所が開設される。昨晩は応急派兵で満州の第一三連隊を出発した記念すべき日である。夜、一一時頃非常呼集がある。雨の土砂降りの中を陣地に集合、約三〇分間話があった。とても寒かった起床は一時間延ばされる」。

六月二九日、「朝食後、早速と便役に行く。薪のちょっ発の方へと行く、割合凄い道路へと通って行く途中、敵の戦車が四、五台壊れてあった。ようやく貨車三車輌分取って二時頃帰る。炊事のそばで被服の便設をやったら綿の良いのを交換して呉れた。早く雨も上がらんかなあー。家と町の家と婦人会へ便りを出す」。

七月二五日、「安東市　尾崎吉助（伯父）、平賀村　軍友会、平賀　夏子（妹）に便りをする」。

文三郎の日記はここで終わっている。そして、日記の行間があきながらも南の国の師走月を見ながら、故郷と家族への想いを寄せて、何かを確認するように詩句の推敲をしている。

ビルマ暮れの影、しはす月

・しっとり　濡れている若菜かな

・しはす月　行くかりともに　流れ星

・しはす月　哨兵厳と影法師
・遠ぼえに　哨兵きつく　立ちどまり
・しはす月　やみ夜に浮かぶ　ペコダかな

文三郎の部隊の戦跡を振り返り整理してみる。昭和一六（一九四一）年一二月から満州北部・中部の国境警備に始まり、船は葫蘆島から台湾海峡、南シナ海を南下し、南部マレーに上陸。シンガポール攻略作戦に参加し、戦線は三月一九日、マレー昭南港を出帆し、マラッカ海峡を通過し、三月末にビルマ・ラグーンに上陸した。文三郎は物資空輸のため防空作戦に四月から五月末まで参加した。六月、北部ビルマを攻略し、九月から一一月まで掃蕩・警備を行っている。日本軍はここまでは快進撃が続いた。そして、ピンナム、マンダレー攻略・防空作戦に参加し、さらに、中国奥地へと戦いは続き、米軍の蔣介石支援ルート、即ち「援蔣ルート」の拠点であった中国雲南省龍陵まで進出している。文三郎たちの部隊は、ここではビルマ（ミャンマー）の雨季特有の長雨にたたれ、物資支援の欠乏もあり、厭戦の気持ちを吐露している。

一方、龍陵の最前線にも日本軍の慰安所が開設されたと記録されている。かれは本国の岩村田花園町の思い出ばかり過去を懐かしむ詩や発句、和歌を書き記すようになった。しかし、本当の戦いはこれから二年近く続いた。昭和一八（一九四三）年四月から九月まで、緬甸防衛次期作戦準備を進め、同年一〇月一日から翌年九月までをインパール作戦（軍隊名「ウ」号作戦）に約一年参加している。この間の部隊の行動は政府・県からの軍歴報告書、三男の日記にもなにも記録されていない。

これまでの第一線で戦った記録は、戦後、次男啓次郎が丁寧に長男仁、三男文三郎の遺留品を保管したことによって、戦場の緊迫した戦火の状況、静寂と一時の安らぎの中にも緊張した兵士の日々の様子を知ることができる。三男のまめな性格から考えても、インパール作戦の約一年間、日記を書かなかったとは考えにくい。三冊の日記は、戦後「遺留品送付に関する件、通牒」と題して、昭和二一年七月二〇日付で、静岡地方世話部留守業務課より送付されていた。この包みに残されていた荷札は、緬甸派遣森第三六二九部隊から長野県の留守担当者である父土屋浩三宛となっている。遺留品を送付した部隊は、静岡県三島市中部第九部隊（経由）とあり、故陸軍伍長土屋文三郎遺留品（残ノ分）とある。戦後、どこかの部隊によって遺留品はすべて点検され、その一部を遺族に送っていたと思われる。

昭和一三年、張鼓峰事件で戦死した兄仁の日記も全て、検閲済みの印がされている。

送付された文書には、「首題ノ件ニ関シ故土屋文三郎殿ノ遺留品トシテ別梱ノ通リ所属部隊ヨリ当部ニ移管サレタルニ付御送付申上候、追而受領後速ニ別紙受領書ニ記名、捺印ノ上、左記ニ送付被下度、静岡市太田町県立静岡工業学校内、静岡地方世話部留守業務課」となっている。その後、昭和二一年九月八日、文三郎の部隊の戦友から、消息について知らせる葉書が寄せられていた。戦友はその月の一二日に平賀村の実家に訪問してくれた。文三郎がビルマ・マンダレー市患者療養所に入所、九月に病院にいたことを教えてくれた。さらに、その後「伝染病、腸チフスにより八月一六日に戦病死した」とその戦友から電話があり、死亡の詳細が遺族に伝えられた。前線に向かうため文三郎と別れてから五日目のことであったそうだ。

改めてインパール作戦とはなんだったのだろう。太平洋戦争中、緬甸（旧ビルマ、現ミャンマー）を占領した日本軍が一九四四年三月から七月にかけて、連合国軍による中国への物資輸送の拠点だったインド北東部インパールの攻略を狙った作戦である。当初から最高責任者牟田口中将以下の計画は杜撰さが指摘されていたが、大本営は戦局の劣勢を打開するために決行した。日本軍の三個師団は十分な武器も食料もなしで険しい山を越えて、河を渡り、英国が防衛するインパール（英領インド）付近を包囲したが、豊富な物資輸送を受ける英国軍が次第に制圧した。雨季になり補給が途絶えた日本軍は飢餓や感染症に倒れる兵士が続出し、壊滅状態となった。約三万八〇〇〇人が死亡したといわれている。インパール北東部の四〇キロにある山奥の激戦地サンジャック村からミャンマーに通じる道は約二〇キロにわたり、今も兵士の亡骸で埋まり、現地では白骨街道と呼ばれている。雨季の強烈な雨と四〇度にもなる熱帯の軍隊は補給もなく、原住民からの略奪と、蛇などまで自給したといわれている。日本は無謀な戦いを兵士に強いて、自滅の道を歩ませた。

後の政府・県からの軍歴報告では、三男文三郎の正式な死は昭和一九年九月一〇日、マラリア・大腸炎でビルマ・マンダレー患者療養所に入所し、同年一〇月一四日、マラリアおよび急性腸炎による戦病死とある。しかし、遺骨はいまだない。享年二五歳であった。

この満州事変にはじまり約一五年続いたアジア・太平洋戦争では軍隊の犠牲者は陸海空の戦没者二一二万一〇〇〇人であった。その主な戦闘地域ごとの戦死者は、日本本土一〇万四〇〇〇人、沖縄八万九〇〇〇人、中国本土四五万六〇〇〇人、フィリピン四九万九〇〇〇人、ビルマ一六万五〇〇〇人、中部太平洋二六万二〇〇〇人、南太平洋二四万六〇〇〇人、蘭領東インド九万人、樺太・千島・シベリアなど二一万人が犠牲となった。

戦後七一年、戦死した兵士は戦地でいまでも遺骨のまま残され家族のもとに帰っていない。兵士も家族も、多くの国民は犠牲者となった。今、戦争の時代を語り繋ぐ人たちも高齢になっている。戦争を体験した高齢の元兵士たちが「伝え残さなければ死ねない」と戦争体験を語る人たちが多くなっている。しかし、悲惨な戦争を単に犠牲者として語り継ぐだけでは十分ではない。二人の兄弟の日記からもわかるように、肉親は兵士として中国や英国などの兵士と闘い、現地の住民をはじめ、マレーシア・華僑など現地の人々の命と生活を奪う第一線に立たされ、それを忠実に実行してきた一兵士でもあった。

戦後七一年、戦争を放棄した憲法をもち平和を求める国民と冷静な識者らの議論からは、兵士は単なる犠牲者ではなく、国家間の戦争であった以上、身内の日本兵は加害者でもあったという冷厳な事実をみなければならない。このことから学ばなければ真に平和な未来はこない。

第七章　国破れて山河あり―家族の決意

中国からの引揚と次男の戦い

次男啓次郎は旧制中学を卒業後、小学校の代用教員をして家族を支えていた。最初の赴任は長野県と群馬県の県境の谷間の学校だった。日本では海から最も遠い長野県南佐久郡田口村（佐久市）広川原の田口小学校狭岩分校であった。通勤には多大な時間を要した。小海線で岩村田駅から村の龍岡城駅まで行き、村の中心の本校を通り、徒歩なら約七キロもあった山間僻地である。この土地の親たちの仕事は僅かな畑と林業、炭焼きで生計を立てる家が多く広川原地籍に六戸、馬坂地籍に一二戸を構えている集落であった。小学生の生徒は十数名足らず、どんな教科も担当し、教員は公私のない生活で村の人たちと溶け込む生活であった。村では分校に下宿しながら勤務したが、父母のことが心配で実家には頻繁にかえって畑仕事も手伝った。この村は江戸末期までは第二章に書いている田野口藩一万五〇〇〇石の土地であり、田口峠を上州に下った部落に分校があった。本来なら中央分水嶺の尾根である田口峠が国境なのであるが、江戸時代に富岡藩と一番鳥の鳴声競争に勝って峠の下まで領地にしたところである。余談だが、この境界を決める形式は行合裁面《ゆきあいざいめん》（旧臼田町教育委員会）と言われている。また、この村の旧藩は幕末には稜堡式城郭を建設し、函館五稜郭と同じ星形要塞を築き、明治を迎えたところであった。

ここの勤務は長期の泊まり込みをしなければならず、二年で転勤させてもらい、その後は小諸市の三岡小学校に転勤し、通勤は改善された。当時は戦時体制が進む中で、小規模の町村にとって小学校運営は財政的負担が大きかったことから、その運営は師範学校を卒業しなくても給料を抑えられる代用教員に依存していた。全国の小学校教員の二割を代用教員が占めていたという。

次男は幼児期に高砂屋の商売が多忙の中、農家の母の実家に預けられ、炬燵で足を炎症したことから右下肢の足首に麻痺を背負った。しかし、中学時代は兄とともに柔道で鍛え黒帯になるほどであった。体力もつき、長い通勤も可能ではあった。代用教員も四年目、将来や経済的なことを考え、やはり伯父や兄に勧められ満州国官吏試験を受験し合格した。そして中国に渡り、政府から派遣され、北京市に本社があった満鉄系列の華北交通の病院に勤務した。

華北交通株式会社は日中戦争下、日本の国策による特殊法人であり、その事業地域は広大であった。鉄路だけでも南北には山海関・北京より南京方面まで、東西は青島、徐州から開封、西安方面までの鉄道、自動車、水運を運営し、学校、農場、鉄路病院を設置。さらに、警務、愛路、教育などを行っていた。愛路とは、鉄道愛護運動とも呼ばれ、抗日ゲリラの襲撃から鉄道沿線一帯を守るため日本軍が行った宣伝工作であった。また、事業は建設、船舶をはじめ軍事資源であった石炭、鉄、塩、綿花、礬土《はんど》、羊毛・羊皮、水産、生活文化などに至るまで広範な事業を展開していた。戦後七〇年、華北交通の埋もれていた膨大な近代史の資料が発見され、京都大学人文科学研究所に所蔵されている。

昭和二〇年三月の東京大空襲があった後にも拘らず、母とくの勧めでその四月に結婚のために一時北京から帰国し、そのまま結婚。新婦秀を伴って五月に中国に戻り、勤務した。結婚の機会は母とくが親戚の知り合いを通じて野沢町の井出家の次女をほぼ決めて結び付けた形だった。秀も戦争末期で周辺に若い男性はほとんどおらず、兄弟姉妹が多い農家の出身ということもあり、啓次郎との結婚に踏み切った。親戚の内々《うちうち》だけで集まり野沢町の料亭「花月」で結婚式を済ませた。浩三・とくは二人の息子をすでに戦争で亡くし、後を継ぐ者は次男啓次郎しかいないという危機感があり、早く結婚させたかったのだろう。

戦争末期の戦局は、国民には全く知らされずわからなかった。また、政府、JOAK（今のNHKラジオ第一放送）は正確に事実を報道することはなかった。東京大空襲があり約十万人の死者が出たこと。長崎、広島への米軍の原爆投下も後からわかるようなものだった。多くの国民は、日本は戦争に勝利するものと最後まで信じていた。

終戦末期、日本海側からの中国への渡航は、京都府舞鶴や山口県仙崎の港からだった。二人は仙崎港を出港し、無事に北京に戻り勤務についている。その後、かれらは終戦を北京で迎えている。敗戦とともに北京市内の治安は悪化し、夜の帰宅のときは物取りにも襲われ、現金をとられたこともある。妻秀は外出すると身の危険を感じ、日本人であることを隠すために支那服を絶えず身に着けて生活した。日増しに治安が悪化するにも拘らず、啓次郎も終戦の事務処理の仕事に追われ、引揚連絡は遅れ、引揚船も決まらないまま半年以上待たされた。北京での生活は満州国政府が用意していた官舎であった。しかし、官舎といっても中国式の住居は、窓は少なく暗く、狭く、便所は共有で不衛生な住宅であった。この住居は清国の時代の建物で四合院と呼ばれ中国の代表的な民家であり、華北を中心に広く分布している。この建物は北側に主屋を置き、その前方左右に向かって脇部屋を置いていた。さらに、南側には門長屋を配している。この四つの棟が堅固な壁で囲われ、中庭を囲んだ住宅である。はじめは、貴族や官僚などの住居であったが、その後庶民の生活の場となった。四合院の建築には防御の観点が反映されている。もともと、中国では都市の建築は、高く堅固な壁で囲い、建築物も敷地境界いっぱいまで棟を配置して、物理的にも視覚的にも外部を遮断している。四合院の大門、入口には必ず門番が詰めていた。

後年、この二人の住居を北京を訪問した筆者は写真に収め二人に見せて確認している。この建物は清の時代のものとわかった。ここは北京の王府井《ワンフウチン》の東側の北京医科大学にも近い住宅街であったが、北京オリンピックを控えて、この古い住宅区まで開発が進んでいた。次男夫婦は驚いたが、懐かしそうに写真を見た。しかし、妻秀は「二度と北京に行きたくない」と答えた。秀は、結婚と同時に初めての異国の地で、つらい体験が染みこんでいたことだろう。二人とも短い期間ではあったが、戦時下であわただしくも新婚生活を送った住居であった。

そしてようやく、日本への引き揚げが決まった。当時発行された、北京在中の総領事官華山親義名による昭和二一（一九四六）年二月九日付の退去証明書がある。その書類は、退去家族名、職業、本籍地、終戦前の住所（引揚前の住所は北京市内五区泰老胡同拾壱号、退去時住所は張家口市北菜園九一号）、引揚収容所（北京市中央鉄路学院）、内地の落着先（長野県南佐久郡平賀村）が記載され、税換二〇〇〇円（福岡銀行交換済）が渡され受領されている。引揚証明書は同様の内容で厚生省博多港引揚援護局長名のものを平賀村役場が写しを発行している。

アメリカが用意した引揚船は天津市の塘沽の港を出港してから二カ月余りかかり、昭和二一（一九四六）年四月二九日に博多港へ無事接岸した。終戦の八月一五日を九カ月ほど過ぎていたが、日本海、対馬海峡は極めて危険だった。渡航が二カ月以上も要したのは、渤海湾を出てから黄海、対馬海峡と日本に近くなるに従い危険な水域であり、機雷掃海を行いながら慎重に航海したためであった。済州島では機雷掃海のために何週間も停泊した。

一九四五年、アメリカ軍は日本の戦争遂行能力を

次男夫婦が暮らした北京の住居入口（二〇〇一年）

喪失させる目的で、機雷による海上封鎖「飢餓作戦」を行った。使用された機雷は約一万一〇〇〇基で、主にアメリカ陸軍の大型爆撃機B－二九によって敷設された。船の磁気反応や機関の音響、水圧変化など複数の作動パターンの機雷が混用され、しかも掃海を困難にするために一回目の反応では起爆しない回数機雷も使われたという。日本海軍も必死に掃海に取り組んだが、複雑な仕組みと膨大な数のため掃海が困難であり、引揚船を含む六七〇隻以上の艦船が機雷に接触して撃沈され、命を落とした人たちも多い。このため海上交通は麻痺した。終戦時にも約六六〇〇基の機雷が残っていたといわれている。

この引揚船は妊産婦の家族だけで数百人が乗せられていた。船内の環境は狭く、妊婦の身籠の体には辛い環境であった。妻秀はもうすでに臨月を迎え、来月はいつ生まれてもおかしくない体だった。この船はもともと終戦と同時に米軍が次の戦いのため戦車を沖縄方面から満州へ運び、その帰り船の上陸用ＬＳＡだったことは、「戦争の世紀」（ＮＨＫ）の放映でわかった。ＬＳＡの船底に俵を引き詰めた粗末なものだった。やっとのことで、博多港に入港できたのは奇跡というしかなかった。航海の途中、船尾では栄養不足などで死亡した小児を木枠に入れて水葬する簡単な葬儀が何回もみられたと、妻秀は語っていた。

次男啓次郎たちは故郷へのはやる気持ちを抑えながら下船手続きなどで三日も博多港に

留められた。その間には、引揚者は防疫のためＤＤＴの粉末消毒を全身に受けた。また、この時の下船ではなぜか、乗船したとき引揚者らが預けた荷物や財布・遺留品の一部が戻されなかった。戦後数十年経てその返還連絡が政府の新聞広告にあったが窓口の名古屋税関にも見当たらず、不明のままになったと啓次郎はぼやいていた。

やっとの思いで待機していた引揚者は、大きな牛革のトランクと背中にリュックを背負い、流れるように満艦飾の列車に乗り込んだ。汽車は山陽本線を東へ向かい、途中の広島駅は原爆で破壊され静まり返っていた。この駅に、何故か長く停車していたという。引揚者は原爆が落とされたことも知らないままに通り過ぎていった。大阪駅や乗り換えの大きな駅では時間がかかった。名古屋駅は大混雑したが、やっとのことで席を確保し、長野行の列車に乗り換えることができた。中山道と木曽川に沿った鉄路を中津川、上松駅を通過し、木曽谷を上り松本に着いたが、さらに長野駅まで行かなければならない。ここで、信越線に乗り換え、さらに小諸駅で小海線に乗り換え、中込駅に到着した。信州の東端にある平賀村（佐久市）の母とくの実家に着いたのは、昭和二一年五月四日だった。

啓次郎夫婦は父母らとの対面は、涙も出ないほど疲れ果てていた。出産予定日は過ぎており、着いた翌日に長男が無事に誕生した。そこでやっと、家族に笑顔が戻った。秀は緊張が解け、歓びより涙が止まらなかった。すべて奇跡的な帰還であった。

残された家族の苦闘

三男文三郎の戦死から高砂屋の終戦直前の混乱状況に話を戻そう。

戦地で戦っていた三男と母とくや次男との手紙では、昭和一五年末には、高砂屋の実家はすでに経営が行き詰っていたことが記されている。戦争不況は続いたままであり、その翌年の一月には、岩村田遊廓の公娼は廃止されている。花園町はもう過去の賑わいはなくなっていた。戦争が激しくなり昭和一七年後半からは、食糧統制が厳しくなり、客の足は遠のき高砂屋の営業ができなくなった。さらに、戦争の拡大により兵器製造のために金属が不足して来た。政府は昭和一六年八月「金属回収令」を発していた。商売道具であった包丁、お釜・鍋、鉄瓶、箪笥の取っ手、寺の釣鐘までも戦闘機にするため国に供出した。「贅沢は敵」という戦時下では料亭は倒産の道しかなかった。使用人の板前らも軍隊へ召集され、女中らも次々に料亭を去って行った。戦時体制の工場へ女性も各地で動員されていった。

花園町高砂屋の浩三は借金をし、万策尽き、建物・土地の資産をすべて抵当に入れざるを得ない事態となった。残された二人と姉妹は母の実家に身を寄せるしかなかった。こうして追い詰められていった高砂屋は営業ができなくなり、ついに廃業した。

しかし、戦時不況や物資統制だけではなく、父浩三の杜撰な帳簿管理が廃業を助けたと後年、次男啓次郎は指摘していた。花園町周辺の旭屋、銀月などの同業者の中には引き続き営業していたところもあった。この頃、本町の百助が経営する高砂屋も廃業していった。こちらは、堅く商売をやり、負債で倒産という最悪の事態は避けられ、赤字にしないで廃業の道を選んでいる。


花園町の高砂屋は、先代らが出てきた追分に戻ることもできない。妻とくの実家の平賀村に家族五人が居を移すことになった。生活手段を失った浩三は、別な仕事を見つけなければならないのに、夫の面子もあり、妻とくと離縁をしても高砂屋の再興の道を捨てきれないと主張し、妻と意見が衝突することもしばしば起こるようになった。やがて寒雛の養鶏の仕事に手を付けてみたが、しかし、戦時下は飼料さえも物品統制のため中々手に入れることが出来ず、この仕事を断念することになった。

浩三は長男の戦死、店の倒産と整理、そして再建に苦闘し、何もかもうまくいかなくなったことを嘆き、精神的にも疲れ果てていた。やがて自暴自棄になり酒を飲みすぎるようになっていった。妻とくは夫の変容振りにどうすることもできず、悩み苦しんだ。かつて高砂屋を築造した大工で日蓮宗信者でもあった知人にすがり、信仰のために次第に岩村田に通った。

しばらく苦難なときが続いたが、元の営林署の仲間から声を掛けられ、浩三は昭和一七年から県の林務の仕事に復帰することになった。役所も若い職員が徴兵でいなくなり、人手不足であった。彼が若いときに志した林業の道に再びつくことになり、家計を支えた。あんなに家族のことを心配していた三男の文三郎は昭和一七（一九四二）年五月一九日付の実家からの手紙に対して、軍事郵便で父へ返信している。

「前略　お便り拝見、内地もさぞ忙しい事でしょう。御苦労様です。県のお役人となったことも自分も大いに喜んでいます。妹作子の嫁の事も結構と思います。相手のこと及び人柄は一切自分が承知している。自分も適縁の事と思っているが、作子が承知なら自分も良い。作子も学校時代より知っているはず。妹の夏子の件は俺も入営前より考えているが、第一に少し、病弱だし、もう少し俺もよく考えてみたいと思う。また、啓兄さんの事は自分でよくやる事と思うし、自分は楽観しているつもりだ。当地は相変わらず悪疫の地で病人も割合多い。自分もお陰で少しも病気もせん。これも皆のお陰だと思っています。」

これまで最前線の戦いだけでなく銃後の家族も暗く重い一〇年間が続いていた。浩三・とくに取っては、昭和二〇（一九四五）年八月一五日、戦争は終わったが、心は空洞のまま、気を失ったような毎日が続いていた。戦後は、二人の息子の戦死した心の傷、これから毎日の食糧や生活のこと。それだけでなく、高砂屋の土地建物の処分、借金も完全に終わったわけではなかった。何から手に着けて良いか頭の中は全く整理がつかないまま茫然とした生活であった。

妻とくの実家は、江戸時代のはじめ、佐久地方で最初に陣屋がおかれた村であり、中山道の脇街道として上州富岡、高崎に続く街道筋であった。幕末の水戸藩攘夷派の浪士武田耕雲斎らの天狗党がこの街道を佐幕派と闘い、西に進む途中、この平賀村では浪士を泊まらせ、名主飯島家では武田耕雲斎らが泊まり、京に向かったところでもある。

藁ぶき屋根の典型的な信州の農村であり、雪は少なかったが冬期は厳しい寒さが続く土地だった。しかし、藁屋根は囲炉裏を囲み、冬は暖かく、夏は涼しかった。とにかく、もう戦争はおわり火の粉が降りかかることはないが、敗戦直後の村の生活はどん底に突き落とされていた。次男一家が無事帰国し、孫ができたことだけが希望の星だった。

戦後は農村といえども食糧事情は最悪の状態で、町の店には缶詰、乾物くらいしかなく、米や肉・魚、砂糖などはほとんど手に入らなかった。農産物は都市の闇市で高く売れたので農村では出回らず、困窮した。高砂屋時代の景気の良いときの食卓からは想像できない極貧の生活となっていた。実家の畑を耕して食物を得ることしかできず、米もまともに手に入らなかった。農村も働き手を失い、コメの作付けができず、やむなくヤミ米を高く購入するか、親戚から分けてもらうしかなかった。浩三は林務の役所の仕事に出ながらも、慣れない畑仕事にも精を出した。次男も職探しをしながら畑仕事を集中してやった。ジャガイモ、サツマイモなどの野菜を作り、メリケン粉を手に入れ、すいとん、芋、麦が中心の食事だった。秀は栄養不足と引揚げによる精神的疲労も重なり、子供に母乳を十分やることができなかった。

次男はもともと幼少期にこの祖父母の家に来ていたこともあったが、村には知人も少なく、母の親戚と知り合いが頼りだった。また、ここが実家であり満州国にいる医師の伯父たちはいまだ帰国していなかった。妹たちは女学校を卒業後、勤労奉仕や工場で働いたが、次女は兵役を終わった青年と結婚し働くために一時、東京へ転居した。長女は満州の伯父の奥さんが列車事故で急死したため、女学校卒業後、伯父の要請で手伝いのため満州に渡っていた。その後、帰国して三男文三郎もよく知っている地元の教師の青年と結婚した。厳しい食糧不足のなか家族は畑を耕し、家鴨を飼い必死の生活をした。浩三は栄養不足も重なりついに倒れてしまった。孫が生まれた一年後に、浩三の体はさらに衰弱し、その年の夏の終わりから胃潰瘍を悪化させたが、医師にも十分かかることもできずに、塗炭の苦しみの中で、昭和二二（一九四七）年秋、五七歳で他界した。浩三はこの大戦の中、二人の息子の戦死、父千助の死、高砂屋の倒産を一身に受け止め、心身ともにボロボロになっていた。

村には男がいても老人だけだった。父浩三の葬儀は、妻とくと引き揚げてきた次男夫婦で弔うしかなかった。当時、葬儀は土葬が中心であり追分の泉洞寺までは遺体を搬送するには遠すぎた。村には火葬場はなく、それは橋を渡った中込町にあり、遠く千曲川の西側にあった。そこは隠亡焼き一人だけで管理していたが、村役場の話では、燃料と亡骸を運んでくれれば火葬することがわかった。近所の農家から大八車をかりて、父の遺体と薪束を載せ、菰をかけて川向こうの町はずれまで、砂利道を一人で火葬場まで運び、荼毘に付すことにした。結局、火葬は三日もかかったという。

高砂屋が倒産したあと、清算処分として競売にかけられていた。終戦直後、そのような事態になるころ、銀行や町の債権者は、高砂屋は多額の負債を抱えていたが、二人の息子の戦死などの実情を配慮し、借財をすべて棒引きにすることを決めていた。

啓次郎らの引揚から二年目になると、長野県では戦災復興のため臨時職員の採用をはじめることがわかった。啓次郎は今までの中国・北京の職歴に着目され、衛生関係の臨時職員に採用されることになった。また、翌年には伯父たち家族も満州から実家に無事もどり、祖母の実家は急に家族が増えてにぎやかになった。伯父の尾崎吉助は帰国後、長野県保健所所長で医師として勤務した。とくも次男夫婦も伯父たちにも再会でき、安月給とはいえ仕事があることで、明るい希望が湧いてきた。戦禍と帰国の混乱の中、無事だったことを互いに悦び、会話は夜遅くまで続いた。その後、家族は中古ラジオも購入して懐かしい曲が流れ、こころの安らぎを回復していった。

母とくの実家は家主の両親はすでに他界していた。今は最後に帰国した伯父の吉助夫妻と三人の子供たち、高砂屋のとく一家、とくの妹のあき乃一家がいた。また、とくの姉である初代は同じ平賀村の農家に嫁ぎ、牛・ヤギの飼育、蚕、水田、葉タバコと幅広く農業をやっていた。また、実家には母屋と土蔵と別棟があり、これらを知り合いに貸していた。中庭を囲んで、他人の家族ともに四世帯が相互依存の生活が続くことになっていった。

祖母とくは、昨年までは夫との死別で、気分が落ち込んでいたが兄妹に会うこともでき、孫の世話で気持ちも徐々にまぎれてきた。とくは秋の月夜、明るい夕方は孫を背負いながら、息子の仁、文三郎が戦地からいつか帰るかもしれないという想いで、表の通りまで背負いながら散歩し、月を食い入るように眺めた。また、嫁の秀は産後の体調も回復し、働けるようになった。農家の出身だったからなんでもいいとわず一緒に頑張った。

敗戦からのはじまり

高砂屋一家の遺族は、戦後は少しずつ生活をとり戻し、畑仕事にも自信がついてきた。次男啓次郎は子供のことや家族の健康を考え、千葉県銚子まで魚を仕入れに行った。その際、未だ都会の食糧事情は劣悪だったことを知り、地元信州でリンゴ、柿を仕入れ、東京で売ることを考えた。木の箱やリュックに品物を入れて、東京・千葉に出かけていった。果物を売り上げたお金で、銚子まで行き、さんまやアジの干物を購入して帰ってきた。しかし、知らない街角や路上で店を開くと、土地のその筋のものたちに、いきなり蹴飛ばされ、ショバ代金を支払わされることもあった。東京の親戚を頼りにしながらも何回か上京したが、各地の闇取引に警察が目を光らせるようになり、その後は東京に売りに出ることをやめ、仕入れだけにするようになった。

妻の秀は母乳が十分出なかったことが、子供の成長に気がかりだった。義母とくの姉の家は農家でヤギ、牛を飼っていたことから、ヤギの乳を分けてもらうことができた。ヤギの乳は、脂肪分も高く、また、子供にとって発育に欠かせないカルシウム分を与えることができた。さらに、母乳の不足した分は、はと子にあたるこの農家の幼児と一緒に義伯母の母乳を飲ませてもらったこともあった。

大家族の集合体となった実家の風呂は、いつも大変だった。柄杓の付いたつるべ井戸から水を何回も風呂桶に運び入れる作業や燃料の確保、入浴の順番を決めるのも大変なものだった。燃料の薪や焚き木は、秋に周辺の山に入り確保した。三軒隣は大林寺の観音堂があり、この山道のマツ林に入り落ち葉拾いをして燃料にした。風呂は年寄りが先にはいり、その次に子供は男女混浴でまとめて入浴する。最後に夫婦が順番に入る。最後の人は垢だらけの風呂だった。

また、農村の生活排水と屎尿は、便所を除いてすべて農家の肥溜めに集まる仕組みだから、これらが満杯になるころはくみとり柄杓で肥溜め桶にいれて畑や田んぼに散布する。この人糞が運ばれ、巻き散らかされ、これに土を覆う大人の作業はどの家も当たり前のように行われ、周囲は糞臭を我慢することに抵抗はなかった。そんなものが大所帯の真ん中にあるリンゴの木の周辺に巻き散らされていることを知らない子供は、遊びに夢中になり、この中でずぶ濡れ、糞まみれになる大事件が時折起こった。

家鴨の卵は大きく、たんぱく質の確保のためには大切だった。しかし、家鴨は卵を水辺で生む習性があり、冬の朝は庭先の水路はカンカンの氷の下に産み落とされていた。そのたびに、大人がツル梯を用意して氷を打ち砕き、卵を数個取り出す始末であった。また、春・夏には、この水路にはセリ、岸辺にはグミやスグリの木があり子供たちはその季節には食べることが楽しみになっていた。戦後は自給自足の「もの循環」の生活をしていた。周辺に大人たちがいなかったが、子供どうしで食べること、遊ぶことに夢中だった。秋はキノコとりに、冬は大林寺の境内からつづく山道をそりや竹スキーですべり、夕方遅くまで時間を忘れて遊んだ。

また、子供の遊ぶ道具も乏しく、ブリキで作った金魚、ゴム紐が通された木製のキリンくらいだったが、どんぐり、松葉、松ぼっくり、竹などの自然素材で遊ぶことができた。壊れた三輪車は溶接して使った。これが人気で、勝手に近所の子供が持ち出して、共有して使うことが平気な時代だった。食材の動物タンパク質は、鶏、ウサギ、雀、魚なんでも材料は家の周辺の山や川に求め、蔬菜は畑・庭で調達した。ウサギ追いは春先に部落の青年団が行い、収穫の肉を食べることができた。鶏は年末など決まって自宅で生贄のように処分して、正月の一品に出された。長老が行うこの生きた鳥処分は首を落とし、血を抜き熱湯を鶏の羽にかければ、あとは見事な手さばきであっという間に解体された。近所の子供たちまで集まり真剣に見入った。解体される鶏をみて、沢山の小さな卵巣があることを知り、動物の不思議さを子供たちは知った。

孫を託児所に預けられる頃には、母とくは体調も回復し、嫁秀と町の呉服屋の反物売りの内職に出かけられるようになり、周辺の村々に行商に歩いた。次男は臨時職員から正式な職員となるころには生活も余裕ができ、家族で村の風呂屋に自転車でいくことができ、風呂問題も改善されていった。また、この隣接の中込町（佐久市）には映画館中込座があり、次男夫婦は子供を連れながら映画を見る余裕も生まれた。木下恵介監督、高峰秀子主演で浅間山麓を舞台にした「カルメン故郷に帰る」を感激して鑑賞した。正月は伯父の息子である従兄らや、姉妹も伯父さんらととくの実家に集まり、中国で覚えた麻雀やかるたを愉しむことができた。

新開地の中込町にあった中込座はこの地域の娯楽の中心だった。佐久鉄道の駅が作られる以前の明治一五（一八八二）年、この村の小林豊次郎・工藤平作が建設し、劇場として誕生した。当時は下中込村の岩井座と呼んだ。大正期には近代的に改装し、帝劇の沢村宗十郎一行が祝賀興行を行っている。戦中は昭和七（一九三二）年滝沢修、小澤栄太郎らの新築地劇団員三〇名の公演「土と闘う」「農民を救え」というプロレタリア演劇が一週間も行われ、稽古のうちから県警察が脚本を検閲しながらの物々しさだったという。昭和の高度経済成長のころには大映、松竹、日活などの映画や歌手の興行が行われ、地域の人たちの娯楽の中心だった。しかし、テレビの普及や中込座の火事をきっかけに全盛期は終わった。

子供達が成長し、母とくの実家は、いつまでも大家族、大所帯でいることもできなかった。やがて、次男とともにとくたち高砂屋の四人は廃院となっていた元町立病院の一角に別棟があり、この一戸建ての家屋を世話してもらい、この住宅に引っ越した。孫が小学校入学を控えた前年の秋の終わりだった。母とくと家族はしばらくぶりに他人に気兼ねすることのない生活となっていった。しかし、とくは呉服の行商や針仕事など高齢の身を押して働いたこともあり、体調を崩してしまった。

二人の息子たちの戦死は時がたっても、心のシコリとなって思い出すことがある。戦死はあり得ないことと信じていたとくにとっては、突然の死であった。その時には感じられなかったが、楽しかった思い出も時間とともに悲しい思い出として増幅されてくるのだった。

また、戦中・戦後、町や村には水道はなく、川の水、井戸水の利用などで不衛生な状態にあり、ピロリ菌、回虫などで胃腸を悪くする人が多かった。とくはそのうえ胆石を患い、毎晩痛ませるようになった。当時は抗生物質がなく、漢方薬の海人草でやっと胃腸が回復した。しかし、その後も、胆石を長く患い闘病生活をつづけた。小学生になった孫は祖母とくと同じ部屋でともに寝ていたので秀とともに交代で看病を続けた。最後には手術を行いなんとか一命を取り留めることができた。その後、とくは野草を摘んでは鉢ですりつぶし、生のまま青汁にし、長い間飲んでいた。漢方と自然食が功を奏したのか奇跡的に回復した。

お盆が来る頃には高砂屋一家は必ず、追分の泉洞寺に掃除と墓参りに出かけた。まだ、佐久街道から軽井沢までの旧中山道の路は整備されず、商店街の街路を除いて狭い砂利道を千曲バスに揺られ、岩村田のあさや旅館の前で、バスに乗り換えて追分まで供花や弁当を持って向かった。先祖らと浩三、兄仁、弟文三郎の墓掃除を時間をかけて念入りに行い、セミの声が響きわたる墓地で用意してきた供え物、供花をささげた。昭和三〇年代には軽井沢の街に外人の避暑客が多くなっていた。このころは汽車でいくことも多くなり、かつてさびれていた追分、沓掛、軽井沢の中山道筋に新しい観光の賑わいが見えていた。

県職員となっていた次男は、県下の小諸や上田の役所に転勤することもあったが、とくが回復して安定する頃には、妻秀は美容師の資格取得に挑戦した。夫の妹作子がすでに美容師として隣町で開業したこともあり、手伝いながら五年かけて資格を取得し、中込町（佐久市）に美容院を開業することができた。五年後、息子が中学を卒業するころには美容院と一体の一戸建住宅を近所の商店街の一角に建設し、移転した。そして、時代は経済成長の波にも乗り、若い従業員をいつも二人住み込みで雇用し、家族とともに生活した。

中国から引き揚げてきた直後の平賀村のとくの実家の大所帯とは、一味も違った生活となった。とくは健康が回復してからは、民謡やおどりを愉しみながら余生を過ごしたが、時折、お盆が来る頃には戦死した二人の息子の話と、高砂屋の景気が良かった時代の話をしてくれた。気分が良いときは次男や孫と一合の酒をたしなみ朗らかな話と小諸馬子唄や追分節を唄うことがあった。また、高砂屋時代の料亭の繁忙期とも違い、美容院の繁忙期にはもう手伝う必要もなく、南側の温かい部屋で老後を過ごすことができた。

啓次郎も退職するころから民謡を趣味とし、藤原長穂一門の地元の三味線仲間と佐久民謡会に入り、本格的に練習をするようになった。合わせて、追分時代の高砂屋の移転した記録について民謡を通して詳しく資料を収集していた。改めて高砂屋が追分から岩村田に移転し、遊廓界隈の花園町がその民謡文化を受け継いでいる資料を大切にしていた。自らも小諸馬子唄、磯節、各地の甚句を得意として練習曲を唄い、老人会や佐久民謡会で発表会を開催して楽しい老後の趣味となっていた。

孫は戦後のラジオの「尋ね人の時間」には祖母とくが信じていた息子の帰国があるかもしれないと、耳をそばだてて共に聞いたことがあった。とくは戦死した息子二人とも、僅かな遺留品と白木の空箱だけだからあきらめることができなかったのであった。とくは息子たちが帰ってくると七〇年間念じ続け、九六歳で他界した。夫浩三とともに追分の泉洞寺に、長男の軍人墓碑を横にし、三男らとともに眠っている。

大戦の波乱に満ちたそれぞれの半生のなか、敗戦直後には、中国からの決死の帰還、父浩三の死、母とくの闘病生活が続き、啓次郎夫婦の家族にとって大事が重なるように続いた。帰国後の子供の誕生はいわば希望の家族として生まれ、成長し、幼年期を過ごした。しかし、筆者は何故か辛い思い出はない。戦後の食事のすいとんと芋だけの生活は忘れられない。夫婦はもっと辛いことがあったろうが、口にしたくなかった。家族と子供たちには聞かせたくなかったからなのだろう。

その啓次郎も妻秀を九年前に認知症で亡くした。二人とも大正・昭和・平成の戦争と混乱の激動期を生き抜き、戦後の復興と経済成長で僅かな間の、ささやかな暮らしと平和の一時を家族と過ごした。その後、啓次郎は一人暮らしとなったが、民謡と野菜作りを愉しみ、そして老人福祉施設で五年ほど過ごし、死の最後まで意識を持ちながらも九七歳で眠るように亡くなった。

啓次郎は江戸時代から昭和の戦前まで続いた高砂屋一家

高砂屋の湯桶

を継承する最後の一人としてこの世を去った。最後まで懸命に生きた母とく、次男啓次郎たちも大陸に眠る二人の兄弟を慰問し、遺骨を収集することも叶わずこの世を去った。次男の家には今でも、江戸時代から高砂屋のお店で代々家族が使い込んだ蕎麦の道具がある。朱塗りの真四角な「湯桶」と、そばを煉るための「煉棒」が遺品のように残っている。そのわきには、二人の軍人、英霊の遺影がそれを見ている。これらを見る度に、時代の大きな流れに翻弄された中山道茶屋・料亭を営んできた高砂屋の波乱に満ちた一家の盛衰が偲ばれ、複雑な気持ちになる。

翻って戦後七一年、社会は憲法をめぐり護憲、改憲が大きな政治課題になってきた。残された筆者は、この本の作業を通して郷里に眠る家族、親族らとともに過ごした戦後の七一年間の社会の急激な変化をより鮮明に振り返ることができる。その中で、教育を受けた恩師らをとおして戦後の平和憲法のもとでの教育者らの志をこの家族史と重ねて回想することができる。その中の一人の教師は昭和三〇年、戦後の新しい憲法の下で、次のように言い残して逝った。「これからの日本はスイスのように中立の国になる」と教えてくれた。そこには平和、自由、平等、基本的人権、民主主義が新鮮な息吹として教えられていた教育があったように思う。当時の人々は、今日の逆流が起こることを想像しただろうか。

高砂屋の一家の家族史を通して近現代の大戦下を生きたものたちの歴史を語り繋がなければならない。死者は語らない。しかし、我々は語らなければならない。

参考文献および文献資料初出一覧

【第一部】

・北楼　泉喜太郎、軽井沢町誌編纂会、１９５３年（昭和28年9月25日）
・泉喜太郎編、町誌軽井沢、１９５３年（昭和28年）
・岩井傳重、食売女、非売、１９６８年（昭和43年11月）
・大橋健三郎編、信濃追分の今昔を聞く・歴史と文学、信州の旅社、１９８５年（昭和60年）
・暉峻康隆・東明雅、井原西鶴集①全四冊、小学館、１９９９年4月
・軽井沢宿・沓掛宿　nifty homepage2.nifty.com/ueno-konsei/ehtm/m144.htm
・浅間火山博物館ホームページ　www.asamaen.tsumagoi.gunma.jp/eruption/
・平林富三・栩澤龍吉、写真集・思い出のアルバム佐久、郷土出版社、１９７９年9月
・大井隆男著、図説・佐久の歴史下、郷土出版社、１９８２年（昭和57年5月）
・井出正義・臼田武正・大井隆男・尾崎行也、図説・佐久の歴史上、郷土出版社、１９８２年（昭和57年1月）
・臼田都雄編集、佐久の１００年、郷土出版社、１９９２年3月
・佐久市志編纂委員会、佐久市志・歴史編（五）現代、２００３年3月
・佐久市志編纂委員会、佐久市志・歴史編（四）近代、１９９６年3月
・藤島亥治郎、中山道、東京堂出版、１９９７年9月
・矢野憲一、魚の文化史、講談社、２０１６年1月
・中島明著、信濃史学会編、信州佐久・小県の「御一新」、２０００年12月
・柏木易之、御影用水・新田・陣屋（第二版）、櫟出版、２００９年12月
・井澤敏男、岩村田の略史、信濃毎日新聞、１９９０年
・井澤敏男、岩村田に生きて（石橋屋）―戦後50年、私の覚書―信濃毎日新聞、２０１５年12月7日
・石澤孝、長野県におけるまちの立地とその変遷に関する研究―まちの成り立ちを考える―信州大学環境科学年報、信州大学教育学部、37号、２０１５年
・信濃毎日新聞社編、信州の鉄道物語、１９８７年（昭和62年1月）
・信濃毎日新聞社、親と子のための長野県の歴史、１９８５年（昭和60年11月）
・矢羽勝幸、佐久の俳句史、櫟出版、１９８９年11

月
・矢羽勝幸編著者、長野県俳人名大辞典、郷土出版社、1993年10月
・木内寛監修、佐久・小諸の今昔、郷土出版社、2004年11月
・浅間山泉洞寺、泉洞寺開創四百年記念誌、2005年（平成17年5月）
・山と渓谷社、中山道を歩く旅537km、2009年7月
・児玉幸多編、日本史年表・地図、吉川弘文館、1995年4月
・芸心社編集部、年表日本美術のあゆみ、芸心社、1997年1月
・長尾義三著、物語日本の土木史、鹿島出版会、1993年3月
・竹内誠監修、市川寛明編、一目でわかる江戸時代、小学館、2004年5月
・大石慎三郎、江戸時代、中公出版、1999年5月
・井原俊一著、日本の美林、岩波新書、1997年7月
・青木美智男、小林一茶―時代を詠んだ俳諧師―、岩波出版、2013年9月
・鬼頭　宏、文明としての江戸システム、講談社学術文庫、2011年12月
・西尾敏和、土木学会誌、2006年3月および平成十八年度前橋工科大学大学院修士論文、近代化産業遺産としての旧富岡製糸場の評価に関する研究
・関良基、赤松小三郎ともう一つの明治維新、2016年12月、作品社

【第二部】
・半藤一利、もう一つの幕末史、三笠書房、2015年6月
・半藤一利、出口治明、世界史としての日本史、小学館新書、2016年8月
・原田敬一、日清・日露戦争、岩波新書、2014年4月
・原田敬一、坂の上の雲と日本近代史、新日本出版社、2011年10月
・原　朗、日清・日露戦争をどう見るか―近代日本と朝鮮半島・中国―、NHK出版新書、2014年10月
・東京日日新聞社・大阪毎日新聞社、東日時局情報第二巻第十号、1938年（昭和13年10月）
・小風秀雅、大学の日本史④近代、山川出版社、2016年3月

・鳥海 靖、もう一度読む―山川日本近代史、山川出版社、2013年4月
・遠藤美幸、「戦場体験」を受け継ぐということ、高文研、2015年1月
・毎日新聞社、千の証言・戦後70年、統12版・特集4、2015年9月23日
・大日方純夫・山田朗、近代日本の戦争をどうみるか、大月書店、2004年3月
・長野県佐久市立中込小学校、中込小学校創立90年記念誌、1964年（昭和39年2月）
・長野県木曽山林高等学校創立100周年記念、蘇門会会員名簿、1998年（平成10年）
・長野県岩村田高等学校創立60周年記念事業実行委員会、岩高六十年誌、中信社、1985年（昭和60年3月）
・長州佐藤寅太郎先生像再建記念実行委員会、頌徳・長州佐藤寅太郎先生像再建記念誌、中信社、1990年（平成2年12月）
・岳南15年会編、奢りの宴玉杯の―わが青春のアルバム―、櫟出版、1984年（昭和59年3月）
・長野県野沢北高等学校創立80周年記念事業実行委員会、高原の日は輝けり―野沢中・北高史―、臼田活版、1988年（昭和63年11月）
・長野県野沢北高等学校創立100周年記念事業実行委員会、野沢中学校・野沢北高等学校百年史、信濃書籍印刷、2002年（平成14年3月）
・第二次世界大戦等の戦争犠牲者数、「満州に移り住んだ日本人」-REFERENCE ROOM,http://nvc.webcrow.jp/TR7.HTM.
・厚生省援護局、大東亜戦争における地域別兵員及び戦没者概数、（昭和39年3月1日作成）、「日本の戦争-図解とデータ」（桑田悦・前原透編著）、原書房、1982年10月24日発行及び「日本陸海軍辞典」（原剛・安岡昭男編）、新人物往来社、1997年8月15日発行
・半藤一利、昭和史1926-1945、平凡社、2004年4月
・秘蔵写真 伝えたかった中国・華北―京都大学人文科学研究所所蔵 華北交通写真―、JCⅡフォトサロン、2016年11月29日

あとがき　―家族史を通して近現代をみる―

本書は江戸の天明の頃より中山道追分宿で茶屋を営み、明治中期には岩村田宿に移転し、昭和の大戦末まで料亭を続けてきた高砂屋一家の盛衰記である。一家が代替わりしながらも明治維新や大戦下で翻弄されながら、どのように生き抜いてきたのか物語として展開している。

出版の動機は、高砂屋一家の五代目に当たる兄弟で高齢の次男がこの世を去ったことをきっかけに書き記すことになった。その次男の家族とこれまで過ごした筆者が、断片的に伝え聞いてきた高砂屋を営んでいた祖父母、曽祖父母のこと、さらに先代らの伝言を晩年の父母、祖母から知り、過去を生きた彼らと語らい、知らなければならない気持ちになったことである。

しかし、もう過ぎ去りし人たちと語りあうことはかなわない。改めて家族が残してきた手紙、日記などの遺品を調べ、それぞれの時代を回想することに至った。また、これらの私的な事柄をそれぞれの過ごした時代背景を説明するため、郷土史、市町村史、学校史、歴史書を調べ、関係する人々にヒヤリングを行い、できる限り資料をもとに想いをめぐらせる形式を取ることにした。一家が過ごした各時代の歴史、社会の動向を理解することによって、一家の営みとその時代の背景を客体化し、高砂屋の一家の人たちの動向を重ねていった。

第一部は「明治維新と中山道追分宿」、第二部は「大戦下を生き抜く」と二部構成になっている。第一部は四つの章から構成されている。まず、追分宿が中山道のなかで三大宿の一つと言われ、なぜ繁栄してきたのか明らかにしている。追分宿の本陣、旅籠、茶屋などがこの街道筋の江戸幕末から明治維新にかけて諸大名の往来、皇女和宮のお輿入れ、明治天皇の北陸巡行などの大事に直面していった様子を記述している。この中で、追分宿の茶屋の一つ、「高砂屋」の営みと街道をいく江戸期や明治維新の人々の動向を郷土史、歴史書をもとに回想している。茶屋「高砂屋」を先代の土屋仁兵衛から引き継いだ文化十三年生まれの二平は明治維新を迎え、激しく変貌する幕末から明治の近代化の荒波に直面する。明治政府は急激な近代化を進めていったが、街道の宿場は「陸蒸気」の出現と明治二二年憲法の制定のあとから、宿場は衰退し、地方の江戸時代は実質的に終焉する。二平は「陸蒸気」の出現に慄きながら寂れゆく追分で没する。一方、近代化の原動力となった鉄道建設は、必ずしも計画どおりにはならず、そのルート選定によってその後の地方の村々の盛衰を決定づけている。

追分宿は明治二一年〜二六年の信越線開通により次第に衰退の一途をたどり、旅籠は集団で佐久地方の行政の中心地でもあった城下町岩村田に遊廓として移転し、再生を図る。二平亡き後の土屋千助一家の茶屋「高砂屋」は遅れて岩村田花園町に移転し、茶屋から料亭となり成功する。折しも経済成長を支えた地域の繭生産と蚕糸産業により、街は発展し、賑わいを取り戻す。追分から移転した高砂屋は二つの料亭を営むまでになっていた。

一方、主人千助は相生吟社を主宰し、趣味の句会を通じた町衆との交誼によって、人脈もつくり街の繁栄にも寄与していく。文久生まれの千助は、明治、大正、さらに昭和とこのまま国の繁栄が続くものと信じてきた。しかし、かれの晩年、予見もしなかった大戦の初戦で家族の悲劇に直面していくことになる。

第二部は「大戦下を生き抜く」として三つの章から構成されている。佐久地方の蚕糸産業に支えられ大正期から昭和初期まで街は賑わい発展していく。地域経済の発展と花園町の遊廓街にも近い高砂屋はその恩恵も受けていた。しかし、第一次世界大戦後の好景気から、一転して昭和の世界恐慌による経済の低迷、繭産業の暴落がつづき失業者が街にあふれる。その後の長野県における失業対策が農村経済更生運動という農村青年の育成に日本精神の教化が図られ、戦時体制の準備が進められていくことになる。それらが国体護持を目的に教化総動員運動へと発展し、その後の軍国主義社会へと突き進む。この転換期に翻弄されていった東信濃の佐久地方の人々と高砂屋の一家の盛衰を描いている。

満州事変直後、大戦に徴兵された高砂屋の長男とその数年後、軍属を経て志願兵となった三男。この高砂屋の兄弟が皇国日本の軍国青年として成長した教育的、社会的背景を彼らが残した戦地の日記や学校史、郷土の歴史から兄弟らの戦争史観がなぜ作られたのか問い直している。

大戦の初期に張鼓峰事件で旧ソ連の赤軍と闘って戦死した長兄仁の遺族に贈られた陸軍の慰霊碑と、当時、東京日日新聞の時局報への彼の日記の取り上げ方の意味するものは何か問いかけている。昭和一三年、孫の仁の戦死を知らされた高砂屋の祖父千助も同年末に逝去する。彼は、文久時代から生き抜いた七五年間に日清・日露の大戦、第一次世界大戦に日本が勝利し、国家を強く意識してきた。しかし、信じていた「国家の後ろ楯」がありながら、今時の世界大戦の初戦では、大切な孫を失い、新たな戦争観を感じながらこの世を去った。

一方、大戦の後半から軍属を経て軍人として志願した三男文三郎は高砂屋を営む父母と家族を支えたいと思いつつも、将来の希望と現実の閉塞した社会との狭間で葛藤し苦しむ。家族への愛を抱きつつも志願兵にいたる心理的な動きを彼の日記から読み取ることができる。かれは軍属としては上海特務機関の仕事に就き、商売が斜めになった両親の高砂屋と家族の経済的援助を行う。その後、軍人となり満州の戦いから、南アジア、緬甸・インパール作戦に参加し、マンダレーで戦死する。

二人の兄弟の戦死により残された家族─父母、兄妹の落胆と失望。押し寄せる政府の経済統制や国家総動員法による国民、家族の困窮が続く。ついに使用人も徴兵され、物資も統制され、高砂屋の商売は破綻し、廃業に至る。

最後に、高砂屋の兄弟で残された次男啓次郎とその家族の敗戦後の北京での生活、戦後、中国引揚者となった苦闘、運命的な次男一家の帰国と子どもの誕生。父母の喜びと高砂屋の没落。重い苦しみの相克の下、父浩三の死去が続く。戦後の食糧難、就職難を母とくの実家の農家で生き延びていく旧高砂屋の家族たち。終戦からのスタートは貧困を極めた。戦後、次に来る「新しい時代」を信じて敗戦から立ち上がっていく一家の生活を描写している。

本書は追分宿と茶屋「高砂屋」の江戸期の繁栄とその後の近代化による鉄道建設に伴う移転から没落までを語り、江戸末期と明治維新から太平洋戦争の戦前・戦後の歴史を時間とともに俯瞰している。家族と社会の断片的な事柄が点から線・面に、時間とともに立体的に見えてくる。人は人生で起こる事件のすべてに遭遇することはなく、体験は限られている。しかし、歴史の背景や事実とこの高砂屋一家の家族史を通した盛衰記から本当の没落の意味が見えてくる。

今、時代は明治から一四九年、戦後から七二年の近現代史の光と陰の真実を知り、語り繋いでいかなければならないときに来ていると感じている。

本書は書き始めてから三年、当初は資料収集に奔走した。軽井沢町立中軽井沢図書館、同町立離山図書館、佐久市立図書館、御代田図書館、国立国会図書館、東京都千代田区日比谷図書館などで資料収集を行った。また、従兄弟や血縁者らに高砂屋の過去の情報を、郷土史家金井喜平次氏に軽井沢追分の情報をお聞きし、完成することができた。執筆に当たってはできるだけ一次資料を求めたが入手が困難なものが多く、二次資料や書籍による回想や伝聞による記述も免れなかった。したがって、この中には時間・場所のずれや聞き伝えと多少異なることがあるかもしれない。その場合は関係する皆様にはお許しいただきたい。

これまで筆者は工学論文などの専門書は上梓してきた。しかし、このような文体でつづる歴史の読みものは初挑戦であり、読者のかたに読み易いものになっていないところはご容赦いただきたい。また、副題の家族史は、過去の家族の事実に向き合うということであり、同時にわが一家の愚かさを晒すことにもなり苦悩した作品となった。しかし、今は亡き高砂屋の家族が残した資料を読むことによって、少子化や核家族化の進む今の時代だからこそ、次の世代にも伝え残さなければならないことがあることに気づかされた次第である。

同時に、筆者は戦後、家族が北京から引揚げた翌日に平賀村で生を受け、中込町で青年期を育ちながらこれまで知らなかった豊かな郷土の歴史の一端を学ぶことにより新鮮な思いに達することができた。この調査を通じて現代史・戦後史を知ることの重要性を改めて痛感した。信州の山・川と育んでくれた人々に感謝する。

この本を手にされた方が高砂屋の一家の人たちの喜びや苦悩を少しでも感じ取り、往時を想い描いて戴くことができれば幸いです。最後に大戦の戦禍に消えた二人の伯（叔）父と今は亡き高砂屋の人々及び、先達の方々に、鎮魂をささげる。

終始、出版へ向けて執筆作業へのご協力、原稿の校正サポートを戴きました編集者の皆川ともえ様に心から感謝申し上げます。

二〇一七年　寒風のつづく如月

土屋十圀

著者プロフィール　　土屋十圀　（つちや　みつくに）
1946年、長野県生まれ。フォークライター。前橋工科大学名誉教授、工学博士（東工大）、土木学会フェロー会員。中央大学理工学研究所客員研究員・前同大学院兼任講師。専門は河川工学・水文学・環境水理学。共著・単著書に『都市の中に生きた水辺を』（信山社）、『親水工学試論』（日本建築学会・信山社サイテック）、『環境水理学』（土木学会）、『激化する水災害から学ぶ』（鹿島出版会）、『全世界の河川辞典』（丸善出版）、他。

装丁■本堂やよい

中山道追分茶屋物語
—家族史・高砂屋盛衰記—

2017年5月20日　初版発行

著　者—© 土屋十圀
発行者—竹村 正治
発行所—株式会社かもがわ出版
〒602-8119　京都市上京区出水通堀川西入亀屋町321
営業　TEL：075-432-2868　FAX：075-432-2869
振替　01010-5-12436
編集　TEL：075-432-2934　FAX：075-417-2114

印刷—シナノ書籍印刷株式会社

ISBN　978-4-7803-0919-5　C0095